Eurípides (Salamina, 480 a.C.-406 a.C.) es, junto a Esquilo y Sófocles, uno de los tres grandes poetas trágicos de la Antigüedad. Reformó la estructura de la tragedia tradicional ática acercando al espectador las motivaciones más íntimas, casi se diría psicológicas, que mueven a sus personajes. Se estima que escribió más de noventa tragedias, pero solo nos han llegado diecinueve, entre la que sobresalen *Medea*, *Hipólito*, *Electra*, *Las troyanas*, *Orestes* y *Las bacantes*.

Ramón Irigoyen nació en Pamplona y residió tres años en Atenas. Es licenciado en filología clásica. Fue profesor de la Escuela de Idiomas de la Universidad de Atenas. Es autor de dieciséis libros. Ha publicado quince libros de traducciones del griego antiguo y moderno. Sus traducciones de *Medea* y de *Las troyanas*, ambas de Eurípides, se representaron en cuatro espectáculos dirigidos por Núria Espert, Irene Papas, La Fura dels Baus, Michael Cacoyannis y Mario Gas. Su obra ha sido traducida a diez lenguas.

Jordi Balló y **Xavier Pérez** son profesores de comunicación audiovisual en la Universidad Pompeu Fabra de Barcelona. Han escrito, entre otros libros, *La semilla inmortal. Los argumentos universales en el cine*, una obra de referencia en el estudio comparado de modelos narrativos.

EURÍPIDES

Medea

Introducción y versión de
RAMÓN IRIGOYEN

Epílogo de
JORDI BALLÓ Y XAVIER PÉREZ

PENGUIN CLÁSICOS

El papel utilizado para la impresión de este libro ha sido fabricado a partir de madera procedente de bosques y plantaciones gestionadas con los más altos estándares ambientales, garantizando una explotación de los recursos sostenible con el medio ambiente y beneficiosa para las personas.

Medea

Título original: *Μήδεια*

Primera edición en Penguin Clásicos en España: mayo, 2015
Segunda edición en México: mayo, 2024

D. R. © 2006, Penguin Random House Grupo Editorial, S. A. U.
Travessera de Gràcia, 47-49, 08021, Barcelona

D. R. © 2024, derechos de edición para España, América Latina, y Estados Unidos, excepto Brasil
Penguin Random House Grupo Editorial, S. A. de C. V.
Blvd. Miguel de Cervantes Saavedra núm. 301, 1er piso,
colonia Granada, alcaldía Miguel Hidalgo, C. P. 11520,
Ciudad de México

penguinlibros.com

D. R. © 1992, 2006, Ramón Irigoyen, por la versión y la introducción
D. R. © 2006, Jordi Balló y Xavier Pérez, por el texto «La venganza triunfal»
Diseño de la portada: Penguin Random House Grupo Editorial
Ilustración de la portada: © Juancrís

ISBN: 978-607-384-292-1

Impreso en México – *Printed in Mexico*

INTRODUCCIÓN

MEDEA: EL ORGASMO DE LA VENGANZA

Los orígenes de la tragedia italiana se remontan a Koeman, que de un trallazo micénico, el 20 de mayo de 1992, sepultó a la Sampdoria en el Hades, y ganó para el Barça la Copa de Europa de fútbol. Tras estos comienzos del pionero Tespis sobre el inevitable césped, en el teatro griego apareció Esquilo, nacido en el 524 a.C. Combatió en las cruciales batallas de Maratón, Salamina y Platea, y es comprensible que del susto que le causó el increíble triunfo de la pequeña Grecia frente al imperio persa, se le disparara la fe en la divinidad, y así se convirtió en un poeta más piadoso incluso que Píndaro. En las tragedias de Tespis había un solo personaje. Esquilo introdujo en escena un segundo personaje, inventó la máscara, que potenciaba la audición de la voz, y por sus muchos logros técnicos y estéticos ha pasado a la historia como el padre del teatro griego.

A principios del siglo v a.C., Atenas empezó a ponerse nerviosa porque la filosofía y la ciencia jónicas socavaban la concepción mítica del mundo, y la gente del pueblo empezaba a bostezar en los templos. Pero allí estaba el bastión de Sófocles, que era una especie de padre Arrupe de la época. Del mismo modo que este jesuita contemporáneo se licenció en su primera juventud en medicina, Sófocles, en el coro más célebre de toda la tragedia griega, cantado en su *Antígona*, admite sin rencor los éxitos de la joven ciencia médica de la Jonia (verso 363), y se entrega con fervor a las introducciones. Introduce en escena el tercer actor –innovación a la que se suma el maestro Esquilo– y alienta la introducción de un nuevo dios, Asclepio, hijo de Apolo y patrono de la medicina. Pero, a diferencia de la fe de Esquilo en los dioses, que era casi tan a lo bestia como la de santa Teresa, Sófocles era un creyente más controlado. Esquilo se pasa por la axila el politeísmo griego y se inventa una representación de la divinidad, que incluso trasciende a Zeus, el dios supremo. Sófocles, en cambio, sigue otro rumbo y se somete de buen grado a la religión popular, entregada a los hechizos de la mántica. Y como el pueblo es siempre muy agradecido, y, además, como ya dijo Hopkins –aunque no el Hopkins poeta y jesuita británico, sino el Hopkins de la industria publicitaria norteamericana– que un moderado conservadurismo suele ser una de las bases imprescindibles del éxito, la vida de Sófocles fue una serie ininterrumpida de triunfos. En veinte certámenes obtuvo el primer premio. Esquilo creía en los dioses mucho más que Sófocles y, por eso mismo, por no moderar su fe, obtuvo muchos menos primeros premios. Sin embargo, estos fracasos escénicos no deben inducirnos a pensar que Esquilo, resentido con la divinidad, descargara sus cóleras blasfemando en privado.

A Eurípides, que era cuarenta años más joven que Esquilo y quince más que Sófocles, le tocó vivir el derrumbamiento de la religión tradicional y, en las tres últimas décadas de su vida, la atroz guerra del Peloponeso (431-404 a.C.), que acabó con la derrota más total de la democrática Atenas en beneficio de la oligárquica Esparta. A la peste, que durante la guerra diezmó a Atenas, se sumaron las más virulentas luchas de partidos, que condujeron a la desmoralización política. En tales circunstancias hace falta una vitalidad de atleta para cantar a las alegrías de la vida, y Eurípides, ya en su primera juventud, renunció a continuar en el gimnasio haciendo pesas para dedicarse al teatro. Asimiló a fondo las teorías científicas del materialista Anaxágoras, las especulaciones filosóficas de Sócrates –que, por cierto, pulverizó Woody Allen en un relato memorable–, y las enseñanzas retóricas de sofistas como Protágoras y Pródico. El pesimismo que se apodera de Atenas a consecuencia de la guerra invade obras de Eurípides como *Hécuba*, *Orestes*, *Fenicias*, *Suplicantes* y *Las Troyanas*, que es un soberbio alegato antibelicista. Hay una transmutación radical de valores, magistralmente descrita por Tucídides en su *Historia de la guerra del Peloponeso*, que deja marcados a fuego a los héroes de Eurípides. La habitual nobleza solemne de los héroes de Esquilo y Sófocles da paso al trastorno patológico de no pocos héroes de Eurípides que son ruines, cuando hay suerte, y cuando no, incluso criminales. Y la crueldad del carácter no está restringida a los personajes masculinos, porque mujeres como Medea, Fedra y Andrómaca actúan también con la más feroz violencia. Eurípides se niega a hacerse ilusiones sobre la naturaleza humana, y su tratamiento de los mitos siempre viaja en metro. Es también un buen psicólogo que escudriña en el turbio corazón del hombre. Este interés por la psicología de los personajes era una novedad en la literatura griega. Sus innovaciones técnicas afectan al prólogo de la tragedia, que presenta características propias respecto a los prólogos de sus predecesores. Eurípides aporta también la técnica llamada *deus ex machina*, o sea, el recurso de hacer aparecer en escena a un dios por medio de una máquina, que obtenía un desenlace cuando la solución del conflicto se ponía difícil. En Esquilo el coro tiene un protagonismo absoluto, que se reduce en Sófocles al simple nivel de activo, y que en Eurípides empieza a ser más pasivo.

Medea, según Aristófanes de Bizancio, se estrenó el 431 a.C. En el certamen al que se presentó alcanzó el tercer premio, tras Euforión y Sófocles, que obtuvieron, respectivamente, el primer y segundo premio. Ya en la propia *Medea* Eurípides, que sólo obtuvo cuatro primeros premios en su dilatada carrera de autor, se queja de las dificultades que el que se atreve a pensar por su cuenta encuentra para ser comprendido por sus conciudadanos. La historia de la obra es, en realidad, el apéndice del viaje de Jasón a la Cólquide con los argonautas –o sea, los héroes que zarpan en la nave Argo– a la conquista del vellocino de oro.

En la Cólquide reina el monstruoso Eetes, hijo del Sol, y padre de Medea, que, como buena sobrina de Circe, la maga por excelencia, está también dotada de las artes de la brujería. Jasón llega a la Cólquide y se enfrenta con el rey Eetes, que le dice que no le entregará el vellocino de oro hasta que supere unas crudas pruebas. Jasón tiene que domar unos toros que vomitan fuego. La superación de las pruebas imposibles por parte de Jasón enamora salvajemente a Medea. Jasón y Medea, junto con el hermano de ella, huyen en la nave Argo. Eetes los persigue, pero a Medea se le ocurre la ingeniosa idea de asesinar y descuartizar a su hermano. Arroja sus miembros al mar, y así la nave de Eetes tiene que detenerse para recoger el cuerpo troceado. Saltándose unas cuantas aventuras más, que convierten a nuestros culebrones televisivos actuales en sesudas películas de arte y ensayo, llegamos con nuestros héroes a Corinto.

Jasón y Medea se asientan allí, tienen dos hijos, según la versión a la que se apunta Eurípides, o incluso catorce hijos, según otras versiones de otros poetas griegos numerarios del Opus. Y entonces Jasón, que no en vano es un héroe protegido por las mujeres, enamora a Creúsa, la hija del rey de Corinto. Tan vilmente traicionada, tras la alta prueba de amor conyugal que le había dado asesinando a su propio hermano, Medea se hunde en la miseria. Después resurge lentamente de su depresión y decide cobrarse el daño que ha sufrido. La venganza es espeluznante porque, además de un crimen de precalentamiento, incluye el degollamiento de sus propios hijos. Medea pone en cuestión el orden social porque por aquellas fechas sólo el hombre tenía derecho, sin responsabilidad penal, a asesinar a sus hijos. La instrumentalización de los hijos, en la que también ahora incurren tantos miles de padres, aparece ya aquí documentada en Occidente.

La historia no deja de tener un parentesco con nuestro descubrimiento de América, pues la remotísima y primitiva Cólquide era la América de aquellas fechas. En un pasaje de sátira magistral Eurípides incluso le hace decir a Jasón que ella le deberá siempre que le haya traído a la civilización arrancándola de la salvaje Cólquide.

Otra innovación importante de Eurípides es el lenguaje coloquial que utiliza en sus obras. El lenguaje dramático de Eurípides es como el que le gustaba a Cernuda para

11

la poesía lírica, un lenguaje tremendamente seco, pero por eso mismo cargado de dinamita del desierto. El lenguaje seco tiene, entre otras, la inmensa ventaja de estar siempre libre de incurrir en cursilería. También se ha acusado a Eurípides de ser excesivamente parco en metáforas. La acusación es justa, y desde luego, en el caso de *Medea*. Pero pienso que esta parquedad de metáforas, en poesía dramática, es más una virtud que un defecto. El mejor Lorca, en teatro, es el de *La Casa de Bernarda Alba*, cuando logra contener las avalanchas de metáforas que pueblan su *Bodas de sangre*, otro culebrón lírico con mucho éxito. Aristófanes, que, como buen reaccionario, era un auténtico terrorista, se inventó, entre otras, la calumnia de que Eurípides era un misógino. Para desmentir esta calumnia, bastará que diga que, por ejemplo, mi traducción de un verso como «contra la raza de los machos» es absolutamente literal (en el original, *arsenon genna*).

El célebre coro radicalmente feminista del principio de la obra no es una butifarra, que nos ha colado aquí la inteligente e incombustible Lidia Falcón, sino un texto increíblemente moderno de Eurípides. No han sido pocos los espectadores que en representaciones anteriores de *Medea*, ofrecidas por otros grupos, han protestado injusta e ignorantemente por lo que consideraban un invento exclusivo del traductor y de la compañía.

Quiero agradecer a Olivia de Miguel, excelente traductora de literatura inglesa, y a Núria Espert, que por las observaciones que me ha hecho he comprobado que es una lectora de una agudeza excepcional, las utilísimas pistas de actitud ante el texto que me han dado para la traducción del original griego. De las diversas traducciones consultadas, es la rigurosa traducción francesa de

Louis Méridier, aunque en prosa, la que más me ha incitado a ser fiel al texto. Pero la traducción de *Medea* de Yorgos Jimonás al griego moderno —ésta excepcionalmente en verso, pues las seis traducciones castellanas consultadas también son en prosa; es en verso, y espléndida, la traducción catalana de Carles Riba— me ha librado de la beatería de la traducción neuróticamente literal y es la que más me ha ayudado a sentirme también libre. Y ya despeñado por la vía didáctica, sólo me queda sugerirle al posible lector que, como verá, esta versión es en verso libre, y que, como decía Hugo Sánchez, a diferencia de la prosa el verso se tiene que leer como verso. Esta afirmación tan obvia y tan elemental no se tiene muy a menudo en cuenta con el consiguiente descalabro interpretativo del texto. Para percibir este texto, no basta, pues, una lectura mental, sino que, como mínimo, hay que silbarlo o, lo que es lo mismo, silabearlo. Por haber sido entregada esta traducción a la imprenta antes del comienzo de los ensayos de la obra para su representación en la Olimpiada Cultural de Barcelona 1992, es susceptible de algunas modificaciones de última hora.

Agradezco también vivamente a la fantástica Irene Papas, que tiene un humor tan maravilloso, su apoyo total para que yo hiciera esta versión. Y, como ya le dijo Sansón a Dalila que el único exceso aconsejable al hombre es el exceso de la gratitud, muchas gracias también a todos los actores, técnicos, Vangelis, Ezio Frigerio, Franca Squarciapino, Olimpiada Cultural, Generalitat de Catalunya, Alcaldía de Barcelona, Agustina de Aragón, el guardameta Zubizarreta y mi querido Pancho Villa.

RAMÓN IRIGOYEN

MEDEA

PERSONAJES

NODRIZA
PEDAGOGO
HIJOS DE MEDEA Y DE JASÓN
MEDEA
CORO DE MUJERES DE CORINTO
CREONTE
JASÓN
EGEO
MENSAJERO

(La acción se desarrolla en Corinto, ante la casa de Medea. De ella sale una esclava vieja.)

I

NODRIZA

Ojalá que en su viaje a la Cólquide
no hubiera volado jamás
la nave Argo atravesando las Simplégades
—esas rocas sombrías—; ojalá que el hacha
no hubiera talado jamás
en los bosques del Pelión
los pinos transformados en remos
en manos de los guerreros
con más bríos; ojalá
que jamás hubieran partido:
no habrían regresado trayendo
para Pelias el vellocino de oro.
Si así fuera, nunca
mi señora, Medea, habría zarpado
hacia las torres de la tierra de Yolco
con el corazón hecho una llaga
en su amor por Jasón; y no habría instigado
a las hijas de Pelias
a matar a su padre.
Y ni habría venido
con su marido y con sus hijos

aquí, a Corinto,
poniendo sus empeños
de fugitiva en agradar
a la gente de esta tierra,
y plegándose en todo a su Jasón:
porque salva su matrimonio
la mujer que no le levanta la voz a su marido.
Ahora todo le es hostil, y la pone enferma
hasta lo que para ella es más querido.
Porque Jasón ha traicionado a sus hijos
y a mi propia señora: en tálamo real
se acaba de acostar con la hija de Creonte,
el rey de esta región. Y, en su desdicha, Medea,
deshonrada, a gritos invoca los juramentos,
apela a la unión de sus manos
en su boda, rito
de la fidelidad suprema.
Que en testigos se erijan, pues, los dioses
del pago recibido de Jasón.
Día tras día consumida en lágrimas,
yace en ayunas, abandonando
su cuerpo a los pesares, pues se siente
ultrajada por su esposo. Con ojos abatidos,
del suelo no despega la cara.
Lo mismo que una roca,
o una ola marina, está sorda
a las palabras de aliento de los amigos.
Y si alguna vez vuelve su blanquísimo cuello,
ensimismada llora por su buen padre,
su tierra, sus palacios —todo lo que
traicionó para irse con un hombre
que ahora la colma de ignominia—.

19

La desdichada ahora ha aprendido bien
lo que no ignoran los esclavos:
la gran desgracia que es perder
la tierra de los padres.
Siente horror por sus hijos,
ya no disfruta viéndolos y temo
que esté tramando algo funesto.
Tiene un temperamento muy violento
y no soportará ser maltratada.
Yo la conozco y tiemblo:
es terrible. A sus enemigos
no les concede una victoria fácil.

(Entra el pedagogo con los hijos de Medea.)

Pero aquí están sus hijos:
vienen de correr en el gimnasio.
No han percibido nada:
no hay sitio en sus corazoncillos
para las penas de su madre.

PEDAGOGO

Esclava nacida en el palacio de mi señora,
¿por qué te paras a las puertas,
tú misma alimentando los pesares?
¿Qué hace sin ti Medea?

NODRIZA

Anciano acompañante de los hijos de Jasón,
las calamidades de los amos

arrastran a los buenos esclavos; tocan
el fondo de su alma. Me ha destrozado
la desgracia y quiero proclamar
al cielo y a la tierra
el destino cruel de mi señora.

PEDAGOGO

La desdichada, ¿sigue todavía gimiendo?

NODRIZA

Tu ingenuidad envidio. La desgracia
está empezando, falta mucho para el final.

PEDAGOGO

Está loca —si es que de los amos
así se puede hablar—. ¡Qué poco sabe
de sus desgracias más recientes!

NODRIZA

¿Qué ocurre, anciano?
A tu compañera de esclavitud
no ocultes nada. Si es preciso, no temas:
de lo que me digas no diré una palabra.

PEDAGOGO

Le he oído a uno que hablaba
sin que él me viera; escondiéndome

al lado de unos viejos que jugaban a los dados
junto a la augusta fuente de Pirene.
He oído que Creonte, el soberano
de esta tierra, va a expulsar,
junto con su madre, a estos niños de Corinto.
No sé si es esto cierto.
Ojalá no lo fuera.

NODRIZA

¿Y Jasón? ¿Va a consentir que sufran
sus hijos, por diferencias que tenga
con la madre?

PEDAGOGO

Adelante las nuevas alianzas, las antiguas
se esfuman; y Jasón
ya no ama a la familia de Medea.

NODRIZA

Estamos perdidos. Una nueva desgracia
se avecina sin haber achicado
la anterior todavía.

PEDAGOGO

Al menos, tú, serénate
y guárdame el secreto.
No es aún el momento
de que se entere la señora.

NODRIZA

¿Oís, hijos, cómo se porta con vosotros
vuestro padre?
¡Que se muera!: no, no, que él es mi amo.
Se porta como un criminal
con los seres más queridos.

PEDAGOGO

Y ¿quién se libra de ello?
Que esto te quede claro:
todo el mundo a sí mismo se quiere
más que a su prójimo mil veces.
Y cuando median las conveniencias
de un tálamo real,
muy fácilmente un padre
se desprende de sus afectos.

NODRIZA

Entrad en casa, hijos.
Y tú cuídalos bien,
y mantenlos bien lejos
de una madre hundida en la desgracia.
Pues ya he visto antes que les lanzaba
una mirada salvaje; está a punto
de estallar. Bien lo sé:
su cólera sólo se calmará
con algún acto de venganza.
Ojalá la descargue
contra gente a quien odie,
y no contra los seres más queridos.

MEDEA

(Desde el interior.)

¡Ay, qué desdichada, qué desdichada soy!
¡Ay de mí!, ¿por qué ya no me muero?

NODRIZA

Rápido, niños queridos. Ya oís a vuestra madre:
la cólera agita su corazón. Escondeos.
Daos prisa, más rápido, ¡a casa!
No os acerquéis a ella:
lejos, que no os vea. Guardaos de ella:
es salvaje su ceño y su naturaleza abominable.
Y está henchida de soberbia. Marchaos.
Corred rápido dentro. De un momento a otro
esta nube naciente de gemidos
va a estallar con un furor más grande.
Bajo las dentelladas de sus penas
¿qué males no podrá causar un alma
con tan desmesuradas entrañas,
un alma despeñada en sus furores?

(Los niños y el pedagogo entran en casa.)

MEDEA

(Desde el interior.)

¡Ay!, sufro, sufro desgracias
como para que me arranquen los mayores sollozos.

(Al ver a sus hijos que acaban de entrar.)

Hijos malditos de una madre odiosa,
ojalá perezcáis con vuestro padre.
Y que el palacio entero se desplome.

NODRIZA

¡Ay de mí, ay, ay, desgraciada!
¿Por qué a tus hijos mezclas
con las fechorías de su padre? A ellos
¿por qué los odias? Ay, hijos,
por lo que podáis sufrir,
¡qué inmenso dolor siento!
Monstruosas resoluciones toman los reyes:
les falta la costumbre de obedecer
y les sobra la de mandar. Y con dificultad
ponen freno a sus cóleras. Pero es mucho mejor
acostumbrarse a vivir un poco en la igualdad.
Esto deseo para mí:
envejecer lejos de las grandezas,
en lugar bien seguro.
Ya por sí mismo se impone el nombre mismo
de moderación; y la moderación sólo ventajas
les trae a los humanos.
Los excesos, en cambio,
no traen ninguna utilidad:
sino sólo calamidades, cuando la divinidad
su cólera desata contra una familia.

(El coro de mujeres de Corinto entra y desfila en silencio durante las últimas palabras de la nodriza.)

II

He oído la voz,
he oído los gritos de esa desgraciada
que naciera en la Cólquide.
Y su ira todavía está viva.
Pero habla, anciana.
Han atravesado los sollozos
dos puertas de su casa
y a mis oídos han llegado.
Yo, mujer, no me alegro
con las angustias de una casa,
a la que tanto
he llegado a querer.

NODRIZA

¡Ya no existe la casa! ¡Ya nada queda!
Él se acuesta en lechos de tiranos,
mientras que mi señora,
encerrada en la cámara nupcial,
consume sus días.
Y no le alivia el corazón
ni una sola palabra de sus amigos.

(Desde el interior.)

¡Ay! Que el fuego del cielo
me atraviese la cabeza. ¿Qué provecho
puedo sacarle ya a la vida?
¡Ay, ay! Muerte, acaba conmigo.
Pon fin a una existencia odiosa.

CORO

Zeus, ¿oyes?; y tierra y luz,
¿oís el himno amargo
que canta esta esposa del luto?
¿Qué deseo de ti se ha apoderado?,
¿qué deseo del lecho supremo,
pobre loca?
Ya buena prisa se dará
la muerte con su siniestra meta.
No la llames. Si tu marido
hace honores a un nuevo lecho,
no te irrites con él:
Zeus te hará justicia.
Llorando a tu marido,
mujer, no te consumas.

MEDEA

(Desde el interior.)

Gran Zeus y tú, Temis
–venerable diosa de la justicia–,

veis cómo sufro y, sin embargo,
los juramentos solemnes
me tienen atada a un marido maldito.
Que algún día
los vea aniquilados
—ya que ellos se atrevieron
a injuriarme primero—
a él y a su esposa,
junto con su palacio.
Padre mío y tierra mía,
os perdí para siempre,
¡después de haber asesinado
vilmente a mi propio hermano!

NODRIZA

¿Oís sus palabras,
oís los gritos con que invoca a Temis
—la que custodia los votos—,
y al gran dispensador
de nuestros juramentos, a Zeus?
Una cólera así no se apacigua
con leves desahogos.

CORO

Ojalá que logremos
que ella salga a hablarnos,
que salga aquí y escuche
nuestras benignas palabras.
Que se diluya su dolor
intenso, y que ella deponga

tan atroz cólera.
A ayudar a mis amigos
yo siempre estoy dispuesta.
Vete, pues, y haz
que salga de casa,
y dile que la esperan
las amigas. Date prisa,
antes de que se ensañe
con quienes viven con ella:
antes que su dolor
se lance en una loca carrera.

NODRIZA

Así lo haré. Pero me temo
que no he de convencerla.
Por ti voy a intentarlo.
Con ojos de leona recién parida
fulmina a sus esclavas,
si alguna se le acerca
y le dirige la palabra.
Y quien necios llame
a los hombres de otros tiempos
hablará con justicia;
pues sólo para fiestas,
para deleites de la noche
han inventado himnos
que alegran los oídos.
Pero nadie ha inventado aún
la dulce música,
las melodías de una lira
que las atroces penas

de los mortales cure
—las muertes y los funestos hados
que derrumban las casas—.
Para esto los mortales
debían componer
canciones y danzas.
Pero ¿a qué viene
inflar la voz en los festines,
en los grandes placeres?
Por sí solos se bastan los banquetes
para dar alegría a los mortales.

CORO

Ya clamores se han vuelto sus sollozos
y a gritos lanza sus maldiciones:
que tenga este traidor
un atroz matrimonio.
Por sus injustos sufrimientos
invoca a Zeus y a Temis,
la diosa de los juramentos;
pues ella la condujo a la costa situada
enfrente de Grecia.
Con llave salada como las lágrimas
el infinito mar le abrió una noche.

(Se abre la puerta. Medea avanza hacia el coro seguida por la nodriza.)

III

MEDEA

Mujeres de Corinto,
salgo de casa
para que no me acuséis
de ser soberbia.
Pues esa mala fama
han adquirido personas dignas
porque a solas y en silencio
vivieron sus desgracias.
La benevolencia no anida
en los ojos de los mortales,
que con hostilidad te miran
fijándose tan sólo en tu apariencia.
Amigas mías, un acontecimiento
inesperado, que se me ha venido
encima, me ha destrozado entera.
Estoy acabada. Ya en vivir
no puedo encontrar
gusto. Debo morir.
Ya sabéis todo: el hombre
que era para mí todo,
mi marido, ha resultado ser

la escoria de los hombres.
De todas las especies animadas
y dotadas de pensamiento
nosotras las mujeres
somos los seres más miserables.
En primer lugar, tenemos que comprar
a un precio altísimo un marido.
Le pagamos para que se convierta
en el amo de nuestro cuerpo;
y pierden su buena fama las mujeres
que se separan de su marido.
Y si el esposo acepta convivir
sin imponernos con violencia su yugo,
envidiable es entonces nuestra vida.
Y si no es así,
es mejor morirse.
Y dicen de nosotras
que por vivir en casa
corremos menos riesgos,
mientras ellos combaten con armas:
¡vaya razonamiento estúpido!
Con mucho prefiero
ir tres veces a la guerra,
a los desgarros del vientre
en un único parto.
Pero ¿por qué te digo esto?
Tú estás en tu ciudad
en casa de tu padre
y disfrutas de holgura y compañía,
mientras que yo estoy sola.
Me he quedado sin patria.
Me humilla mi marido

a mí, que su botín he sido
—y botín
arrebatado en extranjera tierra—:
sin madre, sin hermano, *(Con tono cínico.)*
sin un solo pariente en cuyo hombro
echar el ancla y protegerme
de mi infortunio. Y de ti
esto tan sólo quiero:
si encuentro la manera
de vengarme de mi marido,
lo mismo que de aquel
que le otorgó su hija,
e igualmente de ella,
por favor, guarda silencio.
Puede que una mujer
tenga escasa fuerza
y que le asuste todo
y se desmaye cuando ve un arma.
Pero, cuando la ultrajan en la cama,
en parte alguna encontrarás
un corazón tan sanguinario.

CORIFEO

Medea, véngate; tienes derecho
a castigar a tu marido.
No me extraña que tan profundamente
llores tu destino. Pero veo a Creonte,
el soberano del país,
que hacia aquí viene
a anunciarte sus nuevos planes.

(Entra Creonte. Es viejo, lleva el cetro en la mano. Le sigue una escolta.)

CREONTE

Es a ti, que frunces el ceño
y que hierves en ira
contra tu marido, es a ti,
Medea, a quien estoy hablando.
Sal de esta tierra para el exilio
y llévate contigo a tus dos hijos;
y, venga, rápido. Y no te demores.
Yo di la orden y yo haré que se cumpla:
pues no pienso volver a casa
hasta que no te eche
fuera de mis fronteras.

MEDEA

¡Ay! Desdichada de mí, se consumó mi ruina.
Todas las velas largan mis enemigos
y para mi desgracia
no hay desembarco fácil.
Pero, a pesar de mi infortunio,
una sola pregunta:
¿por qué motivo
me destierras, Creonte?

CREONTE

Por miedo a ti —y no es necesario
alegar pretextos—. Temo

que le causes a mi hija
un daño irreparable.
Varias razones
contribuyen a mi temor:
tienes dotes innatas
para los maleficios;
y, sobre todo, estás sufriendo
al ser privada del lecho conyugal.
Y, por lo que me cuentan,
oigo que amenazas
con vengarte de mí,
y de tu marido,
y de la recién casada.
Para no ser tu víctima
tomo mis precauciones.
Mujer, prefiero
que me odies por mi dureza
a que por mi debilidad más tarde
tenga que llorar
las más amargas lágrimas.

MEDEA

Ay, ay, Creonte. No es la primera vez,
pues muy a menudo mi fama
me ha causado estragos.
Inútil y peligroso es el conocimiento.
Y un padre, dotado de buen juicio,
jamás educará a sus hijos
más de lo conveniente. Pues, además
de crearse la mala fama de ociosos,
se ganarán la envidia

de sus conciudadanos.
Suministra a los ignorantes
conocimientos nuevos
y serás tachado
de inútil y de necio.
Y si demuestras que sabes más
que aquellos que pasan por expertos,
al punto te odiarán. Esta suerte
también yo la comparto.
Por tener mis dotes,
para unos soy odiosa
y peligrosa para otros,
aunque no van mis dotes
demasiado lejos.
¿Por qué me temes?
¿Qué mal puedo causarte?
No tiembles ante mí, Creonte.
A mí no me da por atentar
contra los soberanos.
Porque tú, ¿en qué me has ofendido?
Entregaste tu hija
a quien te apetecía.
Yo sólo odio a mi marido.
Tú con sensatez
has actuado, creo.
Y ahora no estoy celosa
porque te vaya bien.
Celebrad la boda,
y que seáis felices.
Pero a mí, por favor, dejadme
que viva aquí en esta tierra.
La injusticia que se me ha hecho

me la tragaré: me han vencido
los más fuertes.

CREONTE

Tus palabras respiran dulzura
y mis oídos las disfrutan.
Pero en el fondo de mi alma
tiemblo por las maldades
que eres capaz de maquinar.
Y me inspiras ahora
menos confianza que antes.
De una mujer arrebatada por la cólera
—lo mismo que de un hombre—
es más fácil guardarse
que del astuto que se calla.
Márchate ahora mismo,
ni una palabra más.
Siendo tu hostilidad tan grande,
no te valdrán tus artimañas
para quedarte con nosotros.

MEDEA

(Abrazando con gesto de súplica las rodillas del rey.)

¡No, por tus rodillas,
y por esa hija que has casado…!

CREONTE

No gastes más palabras.
Jamás me vas a convencer.

MEDEA

¿Pero me vas a echar?
¿Ni mis súplicas
te inspiran respeto?

CREONTE

No voy a ti a quererte
más que a los míos…

MEDEA

¡Oh, patria mía! Ahora, en este instante,
¡cómo me embarga tu recuerdo!
¡Ay, ay, para los mortales
qué horrible es el amor!

CREONTE

Eso depende, creo, *(Con tono irónico.)*
de las circunstancias.

MEDEA

Zeus, no pierdas de vista
al causante de todos estos males.

CREONTE

Te has vuelto loca.
Arrástrate por el suelo;
vete, que ya me estás cansando.

MEDEA

¡Yo sí que estoy cansada!
Y esta humillación
no la merezco.

CREONTE

(Haciendo una señal a la escolta.)

A la fuerza
te va a expulsar mi escolta.

MEDEA

No, no me hagas esto.
Te lo suplico, Creonte…

CREONTE

Según parece, mujer,
te gustan los alborotos.

MEDEA

Ya me voy a marchar. Por ahí
no van mis súplicas.

CREONTE

¿Por qué, pues, te resistes
y no desapareces de esta tierra?

Un día. Sólo un día. Un día
te suplico
que me dejes quedarme. Déjame
que me quede sólo un día.
Tengo que cuidar de mis hijos
y procurarles recursos,
puesto que su padre
no se digna atenderlos.
Compadécete de ellos.
Tú también eres padre,
y es natural que tengas
buenos sentimientos.
Por mí no me preocupo:
yo me voy al destierro.
Por ellos sólo lloro:
les acechan desgracias.

CREONTE

Soy rey, pero mi voluntad
no tiene nada de tiránica;
y muchas veces la piedad
la he pagado bien cara.
Mujer, bien veo ahora
el error que voy a cometer;
y sin embargo sea lo que tú pides.
Pero ya te lo advierto:
si la divina antorcha del Sol de mañana
os ve a tus hijos y a ti
dentro de las fronteras de mi reino,

moriréis.
Y lo que acabo de decir
es totalmente cierto.
Y ahora, si es preciso que te quedes,
quédate sólo un día:
no has de llevar a cabo
ni una sola de las fechorías
que tanto temo.

(Sale con su escolta.)

CORIFEO

Me das pena, mujer. ¡Ay, ay!
Desdichada, cuánto sufres.
¿Adónde irás?
¿A qué hospitalidad ya recurrir?
¿Qué casa o tierra hallar
que te salve de tus desgracias?
¡En qué loco remolino de males, Medea,
los dioses enredaron tu viaje!

MEDEA

Mi desgracia es completa:
¿quién podría negarlo?
Pero yo pienso luchar:
podéis estar seguros.
Horas amargas les aguardan
a los recién casados,
y a los suegros pruebas
de esas que dejan huellas.

¿Crees tú que habría estado
tan dulce y tan humilde
con este ingenuo,
si no esperase sacar
algún provecho?
Sin una doble intención
¿iba yo ni siquiera
a rozarlo con mis manos?
Pero su estupidez ha ido
realmente muy lejos.
En vez de desterrarme
y tirar por tierra todos mis planes,
me ha concedido un día
para quedarme aquí. Un largo día...
Convertiré en cadáveres
a tres de mis enemigos:
al padre, a la hija, y a mi marido.
Tengo varias maneras de matarlos
y no sé cuál usar, amigas mías.
¿Incendio la cámara nupcial?
O penetrando en silencio en la habitación
en que está tendido su lecho,
¿les clavo en el hígado un cuchillo afilado?
Pero un obstáculo me frena:
si me sorprenden
en el momento de franquear el umbral
y dar el golpe,
mi muerte será el escarnio
de mis enemigos.
Lo mejor es la vía directa:
con mis dotes innatas,
con mis venenos mágicos

los exterminaré.
Bien;
digamos que ya han muerto. Y luego
¿qué ciudad va a acogerme?
¿Quién me dará hospitalidad
y la garantía de una casa
que proteja mi persona?
Nadie. En fin,
esperemos todavía un poco,
hasta que para mí aparezca
un baluarte seguro.
Con astucia y en silencio
me pongo en marcha
hacia este crimen.
La audacia me impulsa
a los actos más valientes
—por la Soberana que más venero
y he elegido por cómplice—;
por Hécate, que habita
en el recinto más íntimo de mi hogar,
ninguno de ellos se va a alegrar
de haberme atormentado el corazón.
Amargas yo les haré,
y lúgubres, sus bodas,
amarga la alianza y el exilio
que me expulsa de esta tierra.
Adelante, pues. Ninguna de tus artes
dejes de usar, Medea,
en tus astutos planes.
¡En marcha hacia tan prodigiosa hazaña!
Si a nosotras, las mujeres,
la naturaleza nos ha hecho

totalmente incapaces para el bien,
para el mal no ha creado
artistas más expertas.

IV

Corren hacia atrás,
fluyen hacia sus fuentes
los ríos sagrados.
La justicia y el mundo
vuelven a estar revueltos.
Entre los varones imperan los engaños,
y la fe en los dioses ya no es firme.
Pero mi fama dará un giro
y recuperará mi vida su nobleza.
Para el linaje femenino
la hora del respeto está llegando.
Esa fama injuriosa
ya no perseguirá jamás a las mujeres.

Y los versos de los viejos poetas
dejarán de lado por fin esa calumnia
sobre mis traiciones.
Apolo, el maestro de las melodías,
a las mujeres no quiso concedernos
el arte divino de la lira;
pues yo habría contestado con un himno

contra la raza de los machos.
Pero el tiempo en su largo curso
tiene mucho que decir todavía
sobre nuestra suerte
y sobre la suerte de los varones.
Desde la morada paterna navegaste,
con el corazón enloquecido,
franqueando en el mar
las Simplégades, esas rocas gemelas.
Y resides, desdichada,
en tierra extranjera, desposeída
de tu lecho, sin esposo.
E, ignominiosamente,
de este país te arrojan al exilio.

Se ha esfumado
el respeto de los juramentos;
en la gran Hélade
ya no queda vergüenza,
se perdió entre las nubes.
Y a ti, infeliz, te falta
la casa paterna, en la que echar
el ancla lejos de tus penas;
e imponiéndose a tu lecho,
otra reina lleva las riendas de la casa.

(Entra Jasón.)

JASÓN

No es la primera vez que he visto
la cólera violenta

convertirse en catástrofe.
Lo he visto muchas veces.
Esta tierra, esta casa
podías haberlas conservado.
Te habría bastado
con saber sobrellevar
con ánimo ligero
las decisiones de los más fuertes.
Pero la vulgaridad de tus palabras
te expulsa de esta tierra.
A mí me da lo mismo;
no dejes nunca de decir
que es Jasón el peor de los hombres.
Y por lo que respecta a tus palabras
contra los reyes,
piensa en tu inmensa suerte
de ser castigada sólo con el destierro.
Pues yo constantemente trataba de aplacar
la cólera de los irritados soberanos
y deseaba que te quedaras aquí.
Pero tú insistes en tu locura, y no dejas
de injuriar día y noche a los reyes.
Por eso vas a ser expulsada del país.
Sin embargo, incluso en esta hora,
yo no reniego de mis seres queridos;
y vengo aquí, mujer,
porque me preocupo por tu suerte.
No quiero que vayas al destierro
con tus hijos sin recursos.
Quiero que no te falte nada:
el exilio ya conlleva
de por sí muchos males.

Y aunque tú a mí me odias,
jamás yo a ti te desearía mal alguno.

*(Mientras Jasón pronuncia sus últimas palabras, Medea se vuelve
hacia él y le mira largamente de la cabeza a los pies, en silencio.)*

MEDEA

¡Oh miserable!
—pues mi lengua no encuentra
un insulto mayor
contra tu muerta virilidad—.
¿Cómo te atreves a venir?
¿Cómo te atreves a presentarte
ante mí, tú —mi enemigo mortal,
y el enemigo de los dioses
y del género humano—?
No es esto audacia:
esto no es valentía
—después de maltratar a los amigos,
mirarles a la cara—.
Esto es el peor de los vicios
humanos: cinismo criminal.
Pero has hecho muy bien en venir.
Aliviaré mi corazón injuriándote
y sufrirás oyéndome.
Por el principio empezaré la historia.
A ti te salvé yo,
como bien saben
todos los griegos que en la nave Argo
contigo se embarcaron.
Te habían enviado

para uncirles el yugo a los toros
cuyo aliento despedía fuego,
y sembrar luego el campo de muerte.
Después, a la serpiente
que, siempre insomne, cubría
con sus anillos de múltiples repliegues
el vellocino de oro, la maté.
Y la luz de la salvación
encendí para ti.
Finalmente, yo misma,
traicionando a mi padre y a mi casa,
me fui contigo a Yolco del Pelión
con mucho más corazón que cerebro.
Y maté a Pelias, que había asesinado
a tu padre, con la más dolorosa
de las muertes, a manos de sus hijas,
y te libré de todos tus temores.
Y a cambio de este trato,
infame criminal,
me has traicionado,
y te has procurado
un nuevo lecho,
incluso teniendo hijos.
Porque, si no tuvieras hijos,
quizá fuera excusable
el que te enamoraras de esa cama.
¡Ay, estas manos,
que tantas veces estrechabas!
¡Qué vano ha sido
recibir las caricias de este miserable!
¡Hasta qué punto has decepcionado mis
esperanzas!

(Silencio largo.)

Bueno, como si aún fueras amigo,
te voy a hacer una pregunta.
Y ahora, ¿adónde puedo dirigirme?
¿Iré al palacio de mi padre
o a mi patria, a los que por ti
traicioné? ¿O puedo ir a casa *(Con tono irónico.)*
de las desdichadas hijas de Pelias?
Me he convertido en enemiga
de los amigos de mi casa,
a quienes maltratar jamás
debí, y para congraciarme contigo
les declaré la guerra.
Aunque, en compensación,
tú me has hecho feliz a los ojos
de muchísimas griegas.
En ti un marido
admirable y fiel yo tengo, infeliz de mí.
Si huyo expulsada de mi país,
privada de amigos,
sola con mis hijos abandonados,
¡qué oprobio tan noble *(Pronunciado con sarcasmo.)*
para un recién casado
en la miseria ver errar
a tus hijos y a mí que te he salvado!
Oh Zeus ¿por qué a los hombres
les das medios seguros
para distinguir
el oro auténtico del falso
y, en cambio, no grabas
en el cuerpo un tatuaje

por el que distingamos
al varón que es carroña?

Terrible e incurable es la cólera
cuando pelean amigos con amigos.

JASÓN

Por lo que dicen, no me falta elocuencia,
pero como buen timonel de navío
he de izar las velas para escapar,
mujer, de tu insensata verborrea.
Yo en cambio –y ya que exaltas tanto
tus servicios– pienso que, entre todos
los dioses y los hombres, la única
salvadora de mi travesía fue Afrodita.
Sin duda, tienes un espíritu sutil,
pero te molesta reconocer
que fue Eros, con sus dardos tan certeros,
quien te obligó a salvar mi persona.
Pero en este punto no seré muy preciso:
de cualquier modo que me hayas servido,
yo no me quejaré. Sin embargo, por mi salvación
tú has recibido mucho más
de lo que diste.
En primer lugar, la tierra griega,
en lugar de tu bárbaro país de origen,
es tu morada. Has aprendido la justicia y sabes
vivir según la ley,
sin hacerle concesiones a la violencia.

51

Todos los griegos saben
que tienes muchas habilidades
y has adquirido fama.
Si vivieras en los últimos
confines de la tierra,
de ti no se hablaría.
En cuanto a los reproches
que has lanzado por mi boda real,
te haré ver que aquí primero
he dado pruebas de prudencia,
y luego de virtud, además de gran amor
por ti y por mis hijos.

(Ante el gesto indignado de Medea.)

¡Pero cálmate!
Cuando abandoné para venir
aquí la tierra de Yolco,
arrostrando innumerables
desgracias sin salida,
¿qué hallazgo más feliz podía haber hecho
que casarme con la hija de un rey
yo, un fugitivo?
Pero no por los motivos que te atormentan:
por hostilidad a tu lecho,
o excitado por el deseo de una esposa nueva.
Me bastan los hijos que tengo,
y nada te reprocho.
Yo quería —y es el punto capital—
asegurarnos una vida próspera,
al abrigo de la necesidad, sabiendo
que huyen del pobre todos los amigos.

Yo quería educar a mis hijos
de un modo digno de mi casa,
y dando hermanos a los hijos nacidos de ti,
colocarlos en situación de igualdad,
y cifrar mi alegría
en la unión de mi estirpe.
Porque tú, ¿qué necesidad tienes de más hijos?
A mí me satisface que mis hijos vivos
ayuden a mis hijos futuros.
¿Me equivoqué en mis intenciones?
Tú misma asentirías, si no te atormentara
el recuerdo del lecho.
Pero las mujeres llegáis al extremo de que,
si vuestro matrimonio marcha bien,
creéis que lo tenéis todo.
Pero, si alcanza una desgracia a vuestra cama,
el partido más útil y brillante
se vuelve el más hostil.
Los mortales deberían engendrar
sus hijos por cualquier otra vía,
sin que existieran las mujeres.

CORIFEO

Jasón, con talento te has justificado;
sin embargo yo insisto:
has traicionado a tu esposa,
has actuado con vileza.

MEDEA

(Como hablando consigo misma.)

Tú debías,
si no fueras un miserable,
haber hecho esta boda
con mi consentimiento,
y no a escondidas de mí, tu cómplice.

JASÓN

¡Consentimiento digno de recordarse
me habrías otorgado,
si te hubiera mencionado mi boda,
cuando incluso hoy no te resignas
a dominar tu cólera!

MEDEA

No era esto lo que te retenía:
creías que un matrimonio
con una extranjera te concedía
una vejez sin gloria.

JASÓN

Entérate bien: no me caso
con la hija de un rey por amor,
sino que me caso por tu propio interés.
Ya te lo he dicho: yo quería
salvarte y darles a nuestros hijos
por hermanos reyes, para que vivan
bien protegidos en una inexpugnable fortaleza.

MEDEA

Lejos de mí una felicidad tan lúgubre,
y una prosperidad que me destrozaría.

JASÓN

Cambia, por favor, de opinión
y compórtate con más inteligencia.
No pienses nunca que lo útil es triste,
y en la buena fortuna
no te consideres desgraciada.

MEDEA

Búrlate bien. Tú pisas fuerte
en esta tierra, mientras que yo,
abandonada, me iré sola al destierro.

JASÓN

Tú misma lo has querido:
a nadie más acuses.

MEDEA

¿Qué dices? ¿O es que en mi boda
me casé con una mujer, como fue tu caso,
(Con sarcasmo.)
y te he traicionado?

JASÓN

Contra el rey estás lanzando
impías maldiciones.

MEDEA

Y también las lanzo
contra tu nueva familia.

JASÓN

Basta. No voy a discutir
ya más contigo. Di si quieres
que te ayude con mis bienes
a ti y a los niños.
Estoy dispuesto a hacerlo
muy generosamente. Y también
te daré cartas para mis amigos:
ellos te acogerán muy bien.
Si rechazas estos ofrecimientos,
estás loca, mujer.
Pon fin a esa cólera;
saldrás ganando.

MEDEA

No tenemos necesidad
de tus amigos, ni tampoco
de tu ayuda. De ti no quiero nada.
De gente vil no recibo regalos.

JASÓN

Muy bien. Pero yo, al menos,
pongo por testigos a los dioses
de que deseo apoyarte,
a ti y a nuestros hijos.
No es culpa mía
que te disgusten los beneficios.
Por arrogancia
se los rechazas a tus amigos.
Parece que disfrutas
sufriendo.

MEDEA

Vete ya. Te has retrasado,
y en cuanto pierdes de vista
tu casa, se apodera de ti el deseo
de tu joven mujer.
Sigue celebrando tu boda.
Quizá —si los dioses me protegen—
pronto te vas a arrepentir
de esta boda.

V

Los amores salvajes
ni virtud ni buen nombre
les traen a los hombres.
Pero cuando Afrodita
es suave y comedida,
no hay divinidad
que nos pueda otorgar
tantas delicias.
Jamás, oh soberana,
con tu arco de oro
lances contra mí un dardo
que me envenene de deseo.

Que su afecto por mí muestre
la castidad,
el don más bello de los dioses.
Que nunca, en su furor, Afrodita,
abrasando mi corazón
por un lecho ajeno,
me enrede en mil disputas
y en insaciables luchas.

Que ella respete
las uniones sin guerra
y distinga con claridad
los tálamos de las mujeres.
Oh patria, o casa mía,
que de vosotras privada
jamás viva
amargamente desterrada.
Que la muerte, que la muerte
me lleve antes que sucumbir
a ellos doblegada.
Entre las penas
es la más dolorosa
quedarse una sin patria.

No tienes ni ciudad, ni amigos,
que de ti se apiaden
en tu más cruel prueba.
Muera el ingrato
que puede no honrar
a los seres queridos
abriéndoles la puerta
de su corazón puro. Ése
nunca será mi amigo.

VI

*(Entra Egeo, rey de Atenas,
con indumentaria de caminante.)*

EGEO

Salud, Medea. Nadie puede
dirigir a una persona querida
palabras de bienvenida más bellas.

MEDEA

Yo también te saludo, Egeo,
rey de Atenas. ¿De dónde vienes?

EGEO

Del viejo santuario de Apolo.

MEDEA

¿Y qué te llevó allí?

EGEO

Fui a consultar al dios
por qué me niega los hijos.

MEDEA

¿Y qué te anunció el oráculo?

EGEO

Palabras secretas e incomprensibles
para la mayoría de los humanos.

MEDEA

¿Y por qué has venido aquí?

EGEO

Para encontrarme con Piteo,
que reina en Trecén.
A él quiero confiarle
el oráculo del dios.

MEDEA

Buena suerte, y que tus deseos
se te cumplan.

EGEO

(Observando el rostro de Medea.)

Pero ¿qué te pasa? Te veo pálida
y más delgada.

MEDEA

Egeo, mi marido me ha suplantado
por otra mujer, a la que ha puesto
al frente de la casa.

EGEO

¿Y se ha atrevido a una acción tan infame?

MEDEA

A mí, que tanto le quería,
me desprecia.

EGEO

¿Se enamoró de ella?
¿O te aborreció a ti?

MEDEA

Una alianza con príncipes:
éste es su gran amor.

¿Y quién se la ha otorgado?
Termina la historia.

MEDEA

Creonte, el rey de Corinto.

EGEO

Comprensible era, mujer, tu pena.

MEDEA

Estoy perdida: y además,
he sido desterrada.

EGEO

¿Por quién? Me anuncias
una nueva desgracia.

MEDEA

Creonte me expulsa de Corinto.

EGEO

¿Y Jasón lo consiente?

De palabra no, pero su voluntad
se ha resignado. *(Pronunciado con tono irónico.)*
Ay, apiádate de mí. Apiádate de mí.
A tus rodillas caigo. Te lo suplico,
de mi desgracia ten piedad.
No tengo a nadie en el mundo.
No me dejes aquí abandonada.
Llévame a tu país y acógeme
en tu casa. Te lo suplico —y verás,
ya lo verás—, tú tendrás hijos. Morirás
como un padre feliz. Tienes la suerte
de haberme encontrado a mí. Tengo poderes.
Conozco remedios; tengo filtros
para la esterilidad. Y haré que tengas hijos.

EGEO

Esta gracia, mujer, estoy dispuesto
a hacerte al punto. Primero,
por los dioses que venero, y luego
por los niños que me prometes,
pues por su nacimiento
daría hasta la vida.
Cuando vengas a mi tierra haré
todo lo posible por ayudarte.
Pero te pido este favor: que por tus propios
medios salgas de aquí.
Un gran dolor les causaría a mis amigos
si en tu fuga te llevara conmigo.
Ven en buena hora y asilo te daré
sin peligro de que te entregue a nadie.

Júralo.

EGEO

¿Es que en mí no tienes confianza?

MEDEA

Tengo confianza. Pero tengo por enemigos
a la casa de Pelias y a Creonte,
y necesito tu juramento
para que ninguno de ellos se atreva
a arrebatarme de tus dominios.
Si sólo me acoges de palabra
sin jurar por los dioses, es posible
que sus promesas o sus amenazas
te hagan cambiar
y en su amigo te conviertan.
A todos vosotros
la riqueza y el poder os coloca
del mismo lado,
y yo estoy en el otro.

EGEO

¡Tu lenguaje, mujer,
es realmente previsor!
Pero haré lo que deseas.
Incluso a mí me beneficia,
pues mi juramento tus enemigos

se verán obligados a respetar,
y tú también te sentirás
más protegida. Dime:
¿por qué dioses quieres que jure?

MEDEA

Jura por la Tierra,
y por el padre de mi padre, el Sol,
y por toda la gran familia de los dioses.

EGEO

¿De hacer o dejar de hacer qué? Acláralo.

MEDEA

Que nunca de tu tierra me echarás
y mientras vivas y tu voluntad
tenga fuerza, a ninguno
de mis enemigos le dejarás que me lleve.

EGEO

Juro que todo lo que has dicho
lo cumpliré fielmente.

MEDEA

Es suficiente. Y si tu juramento
traicionas, ¿qué castigo recibirás?

EGEO

El que sufren los mortales impíos.

MEDEA

Puedes irte contento.
Lo más pronto que pueda llegaré a tu ciudad,
apenas lleve a cabo lo que intento
y logre mi deseo.

CORIFEO

(A Egeo, mientras sale con su escolta.)

Y que también a ti
el hijo de la siniestra Maya,
el dios Hermes —que en todos los caminos
nos acompaña de la vida y la muerte—,
te encamine a tu casa,
y que tus sueños se te cumplan.
A mis ojos, Egeo,
eres un hombre noble.

MEDEA

¡Oh Zeus, y justicia de Zeus,
y luz del Sol! Amigas mías,
hemos vencido a nuestros enemigos.
Ya estamos en la vía que nos conducirá
a su exterminio. Este hombre
ha aparecido en el momento

en que estaba más hundida,
pero ya está abierto el puerto
en el que ataremos las amarras de popa
en mi fuga a la acrópolis de Atenas.
Todo lo que estoy tramando
voy a contarte ahora. Pero prepárate
para palabras nada regocijantes.
Le mandaré a una esclava ante Jasón
a pedirle que venga a verme.
Y cuando venga,
con las palabras más dulces
le daré la bienvenida: cómo por fin
he comprendido lo bien que ha actuado;
y que su boda real ha estado bien pensada.
Le felicitaré por una traición
que tanto nos ha beneficiado.
Y después le pediré que se queden mis hijos
aquí con él, aunque no porque piense
en abandonarlos en una tierra impía,
con enemigos que los humillarán, sino porque
a la hija del rey a traición quiero matarla.
Los enviaré con regalos
—un fino velo y una corona de oro—
a que se los lleven a la joven esposa,
para que no los expulse de esta tierra.
Y, cuando se los ponga,
será su fin. Y morirá también
cualquier persona que los toque:
porque los rociaré
con venenos mortales.
Pero ahora mis palabras
van a terminar en sollozos:

no van a oírse por el alarido
que brota de mi alma por el destino
que a mis hijos les reservo:
sí, a mis hijos, sí, voy a matarlos.
Nadie podrá arrebatármelos.
Y en cuanto acabe de hundir
la casa de Jasón, huiré bien lejos
de mis queridos hijos muertos, bien lejos
del impío asesinato que he osado.
Amigas mías, no resistiría
la victoria de mis enemigos.
Sus carcajadas las oigo en mis oídos.
Así ha de ser. Razones para vivir no tengo,
porque no tengo patria, porque no tengo casa,
porque no tengo posibilidad de escapar
de mi siniestra suerte. Cometí el error
de perder el amor de mi padre confiando
en las palabras de un griego.
Pero me vengaré de él.
Jamás volverá a ver vivos a los hijos
que tuvo conmigo, ni tendrá tiempo
de engendrarlos en su nueva mujer
porque esta miserable ha de morir envenenada.
Tengo que hacerlo, tengo que matarla.
Que nadie piense que soy débil y cobarde:
con los enemigos soy muy dura,
lo mismo que para mis amigos soy muy dulce.
¡A las almas así les pertenece la vida más gloriosa!

CORIFEO

¡No! No lo harás. No lo hagas.

Para ti es fácil
ser tierna. Tú no has sufrido
lo que he sufrido yo.

CORIFEO

Pero ¿es verdad, mujer?
¿Vas a atreverte
a asesinar a tus hijos?

MEDEA

Sólo así puedo morder
el corazón de mi marido.

CORIFEO

Serás la más desgraciada
de las mujeres.

MEDEA

Ya lo soy. Y sobran las palabras.

(Dirigiéndose a la nodriza.)

Vete pues y haz que venga Jasón. Sólo en ti
tengo confianza. No dirás ni palabra
de lo que tengo planeado;
quieres a tu señora, y además
tú eres también mujer.

VII

Los atenienses, descendientes de Erecteo,
fuisteis afortunados desde siempre.
Hijos de los dioses bienaventurados,
y de una sagrada tierra inexpugnable,
os nutristeis de la sabiduría más preclara.
Y siempre a través del aire más radiante
con gracia os movéis, allí donde un día
las nueve castas Musas de Pieria, dicen,
fueron engendradas por la rubia Armonía.

Allí donde se cuenta que Afrodita,
desde las ondas del río Cefiso
que tanta belleza derrama,
orea la comarca con el aliento
de las brisas más ligeras;
y, siempre ceñida
la cabellera con una fragante
corona de rosas, a la Sabiduría
—para que se sienten con ella—
envía a los Amores, los auxiliares
de cualquier virtud.

71

¿Cómo, pues, la ciudad de los ríos sagrados
y la tierra cortés con los amigos,
te va a acoger a ti, la infanticida,
a ti la impía, con los demás?
Piensa en tus hijos ensangrentados,
míralos muertos a tus pies.
No, no, por tus rodillas,
todas nosotras, por lo que más quieras,
te lo suplicamos,
no, a tus criaturas no asesines.

¿Dónde encontrarás en tu alma,
o en tu brazo, el coraje
para dirigir contra el corazón de tus hijos
los golpes de la más vil audacia?
Cuando poses
los ojos en tus hijos, ¿cómo vas a contener
la parte de lágrimas que esta
sangre reclama? Oh no,
cuando, suplicándote, los hijos
a tus pies caigan, no podrás
bañar en sangre tu mano
con corazón impávido.

VIII

(Entra Jasón, y, tras él, la nodriza.)

JASÓN

Me llamaste y he venido;
por mucho que me odies,
aquí acudo. Te escucho.
¿Qué deseas?

MEDEA

Jasón, perdón te pido
por todo lo que antes te he dicho.
No te irrites con mis ataques,
pues nuestro amor ha sido y es profundo.
Pensé después en cómo te hablé
y me arrepentí.
Me he reñido a mí misma y me he dicho:
necia, ¿por qué pierdes la calma?
¿Por qué te peleas con quienes
lo mejor te desean?
Y te has vuelto enemiga
de quienes en esta tierra mandan

y de tu propio marido.
Pues él por nuestro bien actúa
y se ha casado con la hija del rey
y así a mis hijos les dará otra familia.
Me pregunté:
¿por qué me enfurezco?
¿por qué me lamento cuando los dioses
siempre quieren lo mejor para nosotros?
Bien sé, pues, que tengo niños
pequeños y, si huimos
de esta tierra, perdemos todos los amigos.
He comprendido muy bien todo
y he visto mi falta de juicio,
mis vanas iras. Por eso ahora te elogio.
Te lo agradezco, porque comprendo
lo que vas a hacer por nosotros,
y lo insensata que fui por no alegrarme,
por no correr al punto junto a tu mujer
a presentarme ante ella
y alegrarme con ella. Las mujeres somos
lo que somos, simplemente mujeres.
Pero tú eres hombre y eres más frío;
no tienes que tomarme en serio
y responder a mis necedades con necedades.
Todo esto ha terminado.
Digamos que cometí un error,
pero ahora mi juicio se ha restablecido.
Hijos míos. Hijos. Venid. Salid
de casa, corred; aquí está vuestro padre.

(Los niños entran acompañados por el pedagogo.)

Besadle, acariciadle, habladle;
vuestro padre vuelve a estar
con nosotros. Y, como hizo vuestra madre,
olvidad las enemistades y quereos.
Ahora estamos todos juntos;
se terminó la cólera.
Venid, daos las manos.
Con vuestras pequeñas y tiernas manos
estrechad su mano derecha.

(Hablando consigo misma.)

¡Ay, cruzan por mi mente
desgracias secretas!
¡Ay, hijos míos! ¿Por cuánto tiempo,
por cuánto tiempo aún tenderéis
así en el aire a mi amado marido
vuestras tiernas manos
como acabo de verlo?
Infeliz de mí, yo
estoy deshecha en lágrimas
y tiemblo de miedo, tiemblo.
Y ¿cómo no voy a llorar?
¿Cómo por mi cara no van a correr
las lágrimas cuando durante tanto tiempo
estuvo seca por el odio a vuestro padre?

JASÓN

Me alegran tus palabras, mujer.
Lo anterior está olvidado. No te acuso.
Ya se sabe que vuestro sexo

monta en cólera contra el marido
que se une en nuevo matrimonio.
Porque el cerebro se te ha puesto
en su sitio y has comprendido
—aunque es verdad que te ha costado un poco—
qué es lo que te conviene.
Eres una mujer prudente.
Por lo que a vosotros respecta,
hijos míos, no soy un padre indiferente.
Mucho me preocupo por vosotros,
y deseo que estén siempre
los dioses con vosotros.
Os veo ya, junto con vuestros
otros hermanos,
entre los más nobles de los corintios.
Vosotros creced.
Del resto ya me ocupo yo, vuestro padre,
en alianza con los dioses.
Que os vea pronto
convertidos en hombres fuertes
para que juntos vayamos a la guerra,
y que así tiemblen nuestros enemigos.

(Dirigiéndose a Medea que se aparta y llora.)

Pero ¿por qué lloras de nuevo?
¿Por qué desvías a otra parte
tus mejillas tan blancas?
¿Acaso no te alegran mis palabras?

MEDEA

No lloro. Pensaba en los niños.

JASÓN

No tengas miedo: nunca los abandonaré.

MEDEA

Lo sé. Te creo. Pero
las mujeres somos débiles, y muy dadas
a las lágrimas.

JASÓN

Dime, desdichada:
¿por qué sufres tanto por tus hijos?

MEDEA

Porque los parí yo; ¿no es suficiente?
Pero, ya que el rey de esta tierra
quiere desterrarme,
ahora que soy tu aliada,
quiero pedirte algo.
Quiero que le pidas a Creonte la gracia
de que los dos niños se queden.

JASÓN

No sé si lo convenceré. Voy a decírselo.

Puedes decírselo a tu mujer;
que ella misma le pida a su padre
el favor para los niños.

JASÓN

Tienes razón. A ella,
sin duda, la convenceré.

MEDEA

Sí, si es como todas nosotras.
Y yo colaboraré
enviándole un regalo, que será la única
que lo posea en el mundo: un velo finísimo
y una corona de oro. Los niños se lo llevarán.
¿No es así más hermoso?

(Dirigiéndose a casa.)

Ven, nodriza.
Trae aquí mis regalos.

(Dirigiéndose a Jasón.)

Qué afortunada es,
y no sólo una vez, mil veces es feliz.
Te tiene por marido a ti —el marido
más completo en la cama—,
y va a lucir unos adornos que el Sol

–el padre de mi padre– legó
a sus descendientes.
Tomad en vuestras manos, hijos míos,
mis regalos y entregádselos a la reina,
esa esposa feliz. Nadie dio nunca
unos regalos así, como los míos.

JASÓN

No seas necia. ¿Por qué
te vas a desprender de ellos?
¿Crees que en el palacio real
andan escasos de velos y de oro?
Guárdatelos, no los des. Son tuyos.
Si mi mujer me aprecia
mis propias palabras la convencerán,
no tus regalos.

MEDEA

Por favor. Dicen que los regalos
ablandan incluso a los dioses. Y el oro
penetra en el corazón de las personas
más que cualquier palabra. Para ella es
toda la felicidad, con el favor de algún dios:
es joven y reina. Yo,
para que mis hijos no fueran al destierro,
hasta mi vida daría, no sólo este oro.
Hijos míos, venid. Rápido. Entrad
en la rica mansión y encontrad
a la nueva mujer de vuestro padre,
que es ya mi reina, y al entregarle mis regalos,

suplicadle, imploradle que no os manden
al destierro. Pero tened cuidado:
es preciso que los reciba ella en propias manos,
no se los deis a nadie más. Idos ya, rápido.
Vuestra madre esperará aquí
hasta que vengáis a decirle
que ella los ha aceptado.

(Los niños se alejan con Jasón y el pedagogo.)

IX

Ya no tengo esperanzas
de que vivan los niños,
ya no las tengo. La muerte
ya está rumbo hacia ellos.
Recibirá la joven esposa,
recibirá la desdichada
la ruina atroz de ese velo de oro.
En su rubia cabellera,
y con sus propias manos, ella misma
va a acoger a la Muerte:
¡y la lucirá como atavío!

La gracia y su inmortal resplandor
la llevarán a ponerse
el velo y la corona de oro.
Y en los infiernos se adornará
con el ajuar nupcial.
Tal es la trampa, el destino de muerte
en que caerá la desdichada.
Ella no escapará
a su ruina.

Y tú, oh desgraciado,
maldito esposo que te alías con los reyes,
sobre tus hijos, sin saberlo,
sobre sus vidas llevas el exterminio,
y sobre tu esposa una muerte infame.
¡Cómo te apartas, desgraciado,
de tu destino!

Y ahora, es tu dolor lo que lloro,
desdichada madre
que vas a asesinar a tus hijos
por un lecho nupcial
que ha traicionado
un esposo criminal
para compartir otro tálamo.

X

(Sale a escena el pedagogo con los niños.)

PEDAGOGO

Señora, se han salvado los niños.
Se libran del destierro.
Entusiasmada la joven reina recibió
en propias manos los regalos que le enviaste.
Ya nada tiene que temer de ella.
Y ahora, ¿por qué te has alterado
en el momento en que te sonríe la fortuna?
¿Por qué desvías tu rostro hacia otra parte
y no oyes con alegría la noticia que te dan?

MEDEA

¡Ay, ay!

PEDAGOGO

Tus lamentos no casan con mis noticias.

MEDEA

¡Ay, ay, una vez más!

PEDAGOGO

No comprendo. ¿Me equivoqué
al creer que te traía
buenas noticias, y te traigo desgracias?

MEDEA

Has traído lo que tenías
que traer. No te reprocho nada.

PEDAGOGO

¿A qué viene, pues, esa mirada
baja y este torrente de lágrimas?

MEDEA

Es para mí una necesidad, buen hombre.
Los dioses y yo, con mi mala cabeza,
así lo hemos tramado.

PEDAGOGO

Ánimo. Llegará el día en que tú también
volverás, gracias a tus hijos.

MEDEA

Antes, ay de mí, he de hacer que otros
den con su cuerpo bajo tierra.

PEDAGOGO

Otras madres también
se separaron de sus hijos;
no eres tú la única.
Un mortal debe soportar
las desgracias con entereza.

MEDEA

Tienes razón. Ahora entra en casa
y cuida de mis hijos como todos los días.

(El pedagogo sale de escena.)

Hijos míos, hijos míos, vosotros tenéis ciudad,
y una casa en la que para siempre,
para siempre viviréis. Sin madre os quedáis
y me vais a abandonar en mi desgracia.
Y yo parto para el destierro, fugitiva.
No he tenido tiempo de disfrutar con vosotros,
y con la felicidad de veros casados. No podré
engalanar vuestro lecho nupcial
y llevar en mi mano las antorchas de la boda.
Mi orgullo me ha hundido en la miseria.
Hijos míos, os he criado, pues, en vano.
Inútiles han sido mis esfuerzos

y para nada sufrí tantos dolores
en las atrocidades de mis partos.
¡Pobre de mí, que tantas esperanzas
puse en vosotros! Os veía como el sostén
de mi vejez y, a mi muerte, creía
que me ibais a enterrar piadosamente
como es el anhelo más humano. ¡Ilusiones
perdidas! Madre de mis hijos, arrastraré
una vida triste y llena de penas.
Jamás a vuestra madre ya veréis con esos ojos
tan queridos: estáis en marcha hacia una forma
de vida realmente distinta.
¡Ay, ay! ¿Por qué me miráis así, hijos míos?
¿Por qué me dirigís tan fúnebre sonrisa?
¡Ay, ay, amigas! ¿Qué haré? Se me va el corazón,
cuando veo la mirada radiante de mis hijos.
No, no podría. Adiós, resoluciones
de hace unos instantes. Me llevaré a mis hijos
de esta tierra.
¿Es preciso que por afligir
al padre con los dolores de estos
niños mis penas multiplique yo misma?
¡No, no, de ninguna manera! Adiós,
adiós, mis planes.
Pero ¿qué me está pasando?
¿O es que deseo ser el blanco de las burlas
dejando a mis enemigos sin castigo?
Hay que atreverse. Soy cobarde
y brotan de mi alma blandas palabras.
Entrad en casa, hijos.

(Los hijos salen de escena.)

A quien las leyes divinas le prohíban
asistir a mis sacrificios,
allá él, es cosa suya. Mi mano no vacilará.
¡Ah, ah!
No, corazón, no, tú no lo hagas,
no puedes cometer este crimen.
Déjalos, desdichada, ahorra
la vida de tus hijos.
Aunque no vivan conmigo
me darán alegría.
No, por los que abajo,
con Hades, son los Vengadores,
jamás será posible que abandone
a mis hijos a mis enemigos
para que los ultrajen.
Es de necesidad total, han de morir.
Y, como es preciso, los mataremos nosotras
que les dimos la vida.
Ya que voy a tomar el camino más penoso,
y a ellos voy a enviarlos
por otro todavía más penoso,
quiero despedirme de mis hijos.

(Hace una señal en dirección a la casa. Los niños salen.)

Dad, hijos míos,
dad la mano a vuestra madre,
que os la quiere besar.

(Abrazando a sus hijos y cubriéndolos de besos.)

Oh dulce mano, oh boca amorosísima,
figura y cara noble de mis hijos,
sed felices los dos... pero allí:
vuestra felicidad de aquí, os la ha robado
vuestro propio padre. ¡Oh dulce abrazo,
tierna piel, aliento suave de estas criaturas!
¡Adiós, adiós!

(Los aparta de ella y les hace la señal de que vuelvan a entrar en casa.)

No me siento, para mirar a mis hijos,
ya con fuerzas. Sucumbo a mis propias desgracias.
Sí, siento los estragos que voy a causar;
pero la pasión es más fuerte que mis resoluciones
y ella causa, en el mundo, los peores males.

CORIFEO

Ya en muchas ocasiones
me aventuré en reflexiones más sutiles
y me he enfrentado con disputas más serias
de las que debe abordar el sexo femenino.
Y es que tenemos, también nosotras,
nuestra Musa que nos da lecciones
de sabiduría; aunque no a todas,
por supuesto. Pero hay pocas mujeres
—quizá encontrarás una entre mil—
que sean extrañas a las Musas.
Y voy a ser bien clara: los mortales
que jamás han tenido la experiencia
y no han engendrado hijos, en felicidad

aventajan a quienes los tuvieron.
Los que no tienen hijos ignoran
si para los mortales los niños reportan
alegría o angustia; y al no haberlos tenido
ignoran si se libran de pesares sin cuento.
Pero, a los que tienen en casa una dulce
prole de hijos, noche y día los veo
de angustia consumiéndose.
En primer lugar piensan en cómo
criarlos dignamente,
y piensan también en la manera
de dejarles algún tipo de herencia.
Y todavía si libran sus batallas
para unos negados o para hijos
que se lo merecen, esto
jamás está muy claro.
En fin, el mal supremo para todos
los mortales, voy ahora a decirlo:
supongamos que hallaron recursos suficientes
y que la flor de la juventud
alcanzaron los hijos
y que hasta resultaron
gente con principios.
Pero si el destino
así se presenta, la Muerte
se pone rumbo al Hades
llevándose los cuerpos de los hijos.
¿Qué provecho se saca, pues,
si a las otras penas
ésta aún, la más atroz,
por causa de unos hijos
los dioses infligen a los mortales?

MEDEA

Hace ya rato, amigas,
que en espera del acontecimiento
alargo el cuello para ver
lo que allí está sucediendo.
Mirad: un hombre del séquito de Jasón
se acerca hacia nosotras.
Su aliento jadeante lo revela:
viene a anunciar
alguna desgracia insospechada.

(Entra precipitadamente un sirviente de Jasón.)

MENSAJERO

¡Oh tú, que un acto horrendo
contra la ley has perpetrado,
huye, Medea, huye!: ¡sí, ni carro marinero
desdeñes, ni vehículo terrestre!

MEDEA

¿Qué ocurre? ¿Por qué tengo que huir?

MENSAJERO

Acaban de morir hace un instante
la joven reina y su padre Creonte,
víctimas de tus venenos.

¡Maravillosas palabras! A partir de ahora
entre los bienhechores te contaré, te contaré
entre mis amigos.

MENSAJERO

¿Qué dices? ¿Estás en tu sano juicio, mujer,
o te has vuelto loca? Después de arrasar
el hogar real ¿te alegras en lugar de temblar
ante esta noticia?

MEDEA

Pero no te excites, amigo, y habla.
¿Y cómo han perecido? Porque me darás
una doble alegría si han muerto
del modo más atroz.

MENSAJERO

En cuanto con su padre llegaron
tus dos hijos y franquearon el umbral
de la nupcial morada, sentimos
una gran alegría los servidores
que sufríamos por tus males.
Y al punto corrió la voz
de que tú y tu marido
habíais cerrado solemnemente
vuestro pleito.
Uno besa la mano de los niños, aquél
su cabeza rubia; y yo mismo,

desbordante de alegría,
hasta las habitaciones de las mujeres
me voy con ellos. La señora
que ahora en lugar de ti honramos,
antes de reparar en tus dos hijos,
tenía una mirada ardiente, fija en Jasón.
Pero, al verlos, se tapó al punto
los ojos y torció hacia atrás
su radiante mejilla, presa de aversión
por la entrada de los niños. Tu esposo
intentaba aplacar la cólera y la rabia
de la muchacha, y le decía:
«¿Quieres no mostrar odio a los amigos?
Serena tu resentimiento y vuelve
hacia aquí esa cabeza.
Que los amigos de tu marido
sean tus amigos. Acepta
estos regalos y pídele a tu padre
que, por amor a mí, a estos niños
absuelva del destierro».
Sí, y ella vio los regalos
y no se resistió. A su marido
se lo concedió todo. Aún no estaban lejos
del palacio el padre y los hijos
cuando ella cogió el velo de vivos colores.
Se lo puso. Y ciñéndose la corona de oro
sobre sus rizos, se arregla el pelo
en un luciente espejo. Le sonríe
a la imagen inanimada de su cuerpo.
Por fin se levanta del trono para cruzar
la estancia, y mueve con gracia el paso
de unos radiantes pies.

Por los regalos henchida de alegría,
una y otra vez se pone de puntillas
y todo lo escudriña con sus ojos.
¡Pero, de repente, es horroroso lo que ven!
Porque cambia de color e, inclinándose,
retrocede. Le tiemblan todos los miembros
y apenas logra reclinarse en su trono
para no caerse al suelo. Una criada anciana,
que quizá lo ha tomado
o por un pánico, o por un acceso
furioso de algún dios,
pronuncia a gritos un conjuro.
Pero ve que le brotan de los labios
unas espumas pálidas, y que los ojos
se le ponen en blanco, y que sin sangre
se le queda el cuerpo. Al alarido de conjuro
le siguió entonces un gran grito de llanto.
Y al punto corre una
a las habitaciones del padre, la otra
a las del nuevo esposo para
comunicarles la desgracia de la novia.
Y es una sucesión de ecos
de carreras precipitadas
el palacio entero.
Ya, con paso ligero, habría
un corredor rápido
hecho un estadio y tocaría la meta,
cuando ella, recuperando la voz
y abriendo los ojos,
con un gemido horrible
se despertó la pobre.
Y es que le asaltaba

una doble calamidad:
la corona de oro
que llevaba en la cabeza
despedía un prodigioso
torrente de llamas devastadoras;
y el finísimo velo
—regalo de tus hijos—
consumía las radiantes carnes
de esta desdichada.
Se levanta del trono y huye,
envuelta en llamas.
Sacude la cabellera, la frente,
de un lado para otro,
en su deseo de librarse de la corona.
Pero aquel oro
era un garfio soldado al pelo.
Y cuanto más sacudía su cabellera,
más la llama doblaba su fulgor.
Y cae al suelo sucumbiendo a su tormento;
excepto un padre,
¿quién la reconocería?
Ya no se distinguía
ni la forma de sus ojos,
ni la belleza de su cara.
La sangre, desde la cima de su cabeza,
goteaba confundida con el fuego.
Y, bajo las invisibles dentelladas del veneno,
se desprendían de los huesos
sus carnes, como lágrimas de pino.
¡Horroroso espectáculo!
Todos teníamos miedo
de tocar el cadáver:

su suerte nos daba una lección.
El pobre padre, que ignoraba
la desgracia, de pronto entra
y se arroja sobre la muerta.
Rompe en sollozos y,
estrechándola en sus brazos,
la besa y le susurra:
«Pobre criatura, di,
¿qué dios te condenó
a una muerte tan infame?
¿Quién deja privado de ti
a este anciano, que es pura tumba?
¡Ay, hija mía!
quiero morir contigo».
Cuando terminaron los lamentos y los sollozos,
intentó ponerse en pie.
Pero su fino velo
se agarra a su decrépito cuerpo
como yedra a las ramas del laurel;
la lucha fue espantosa.
Porque, cuando él quería alzar una rodilla,
la muerta lo retenía.
Y, si tiraba con fuerza,
de sus huesos arrancaba
trozos de carne.
Por fin el pobre renuncia
y entrega su vida,
pues no pudo vencer
más tiempo a la desgracia.
Y yacen, hija y padre, muertos uno al lado
del otro —una desgracia, ay,
que está pidiendo lágrimas—.

(Dirigiéndose a Medea.)

Y respecto a lo que te concierne,
no quiero decir nada:
pronto en ti misma experimentarás
el vaivén del castigo.
A la humanidad no es hoy la primera vez
que la considero sombra pura,
y lo diré sin ningún miedo:
los mortales que se tienen
por más dotados y ansiosos de razones
ésos son los más crudamente castigados.
Porque, entre los hombres,
no hay ni uno solo que sea feliz.
Y quien llega a disfrutar las riquezas
puede que sea más afortunado que los demás,
pero feliz, pero feliz, jamás.

CORIFEO

La divinidad en este día
parece que descarga
sobre Jasón muchos males bien merecidos.
¡Ay, desdichada, cómo lloramos tus desgracias,
hija de Creonte, tú que has descendido
al portal de los muertos,
por culpa de las bodas de Jasón!

MEDEA

Amigas, el acto está decidido:
matar a mis hijos,

96

matar a mis hijos ahora mismo
y huir de esta tierra.
No quiero, por mi retraso,
abandonar mis hijos a los golpes
de otra mano aún más hostil.
Es necesario, han de morir:
y puesto que es preciso,
los mataremos nosotras
que los dimos a luz.
Venga, pues, ármate
de valor, corazón mío.
¿Por qué aplazar el perpetrar
el terrible y necesario mal?
Venga, desdichada mano mía,
coge la espada, cógela. ¡En marcha
hacia la meta de la que arrancará
el luto de tu vida! ¡Nada de
cobardías! Y no te acuerdes
de que ellos son tus hijos
amadísimos, ni de que tú
los has parido. Al menos, por un día
que vuela, de tus hijos
olvídate, y después llora.

XI

¡Oh, Tierra, y tú, que todo lo iluminas,
rayo del Sol, mirad, ved a esta
funesta mujer, antes de que descargue
sobre sus hijos
una cruenta mano parricida!
¡Oh Luz divina, detenla, frénala,
arroja de esta casa a la miserable
y criminal cólera
suscitada por las Furias de la venganza!

En vano has sufrido
las angustias de madre.
¡En vano has dado a luz
un linaje querido!
Desgraciada, ¿por qué
sobre tu corazón
se abate una cólera
tan pesada?
¿Por qué el odio asesino
al amor sustituye?
Pesa sobre los mortales

la mancha de la sangre familiar.
Contra los asesinos de su propia raza,
ella despierta, a la medida del crimen,
dolores que la mano de los dioses
hace recaer sobre sus casas.

HIJOS DE MEDEA

(Desde el interior.)

¡Ay, ay!

CORIFEO

¿Oyes el grito de los niños? ¿Lo oyes?
¡Ay, desgraciada, infortunada mujer!

UNO DE LOS HIJOS DE MEDEA

(Desde el interior.)

¡Ay de mí! ¿Qué hacer?
Mi madre me persigue. ¿Adónde huir?

EL OTRO HIJO DE MEDEA

(Desde el interior.)

No sé, hermano queridísimo,
porque los dos ya estamos perdidos.

(Las mujeres del coro, indecisas, se agitan ante la puerta de la casa.)

CORIFEO

¿Debo entrar en la casa?
Es preciso
salvar a estos niños del degüello.

UNO DE LOS HIJOS DE MEDEA

(Desde el interior.)

Sí, salvadnos, por los dioses.
Es el momento.

EL OTRO HIJO DE MEDEA

(Desde el interior.)

¡Qué cerca estamos ya
del filo de la espada!

CORIFEO

¡Desgraciada! ¿Eres de piedra o de hierro
cuando asesinas con tu propia mano
a tus hijos que son
la cosecha de tu vientre?

¿Podría, pues, haber ocurrido
algo más horrible? ¡Oh lecho,
para las mujeres tan fértiles en dolores,
cuántos males has causado ya a los mortales!

(Entra Jasón precipitadamente.)

XII

JASÓN

Oh mujeres, que estáis
junto al palacio, ¿está quizá
la autora de los horrendos crímenes,
Medea, todavía en las salas,
o se ha marchado huyendo?
¡Pues tiene que ocultarse bajo tierra,
o su cuerpo alado debe buscar refugio
en los confines de las nubes
si no quiere a la casa real
pagar su deuda!
¿Cree que habiendo asesinado
a los soberanos de esta tierra
va a huir impunemente de esta tierra?
Pero ella no me preocupa,
me preocupan mis hijos.
Ella recibirá de sus propias víctimas
el daño que ha causado.
Yo he venido
para salvar la vida de mis hijos
antes de que la familia
emprenda nada contra ellos,

sí, para cobrarse
el abominable crimen de su madre.

CORIFEO

Oh desdichado, ignoras a qué punto
de desgracia has llegado, Jasón.

JASÓN

¿Qué sucede? ¿Es que también
quiere matarme a mí?

CORIFEO

Los muertos, a manos de su madre,
son tus hijos.

JASÓN

(Tambaleándose por la impresión.)

¡Oh dioses! ¿Qué dices?
¡Es mi muerte, mujer!

CORIFEO

Abriendo las puertas
verás el exterminio de tus hijos.

JASÓN

(Llama a gritos a la gente de la casa.)

Criados, quitad lo antes posible
los cerrojos, quitad las barras,
que quiero ver el doble horror:
a ellos, que han muerto, y a ella, a la que…
(Con un gesto furioso.) haré pagar su crimen.

*(Como no responde nadie, se lanza contra la puerta, que trata
de derribar. Por encima de la casa, en un carro tirado por dra-
gones alados, aparece Medea, que se lleva con ella a los dos
cadáveres.)*

MEDEA

¿Por qué empujas y tratas
de hacer saltar estas puertas?
¿Son cadáveres lo que buscas
y a mí, la autora de estos crímenes?
Puedes ahorrarte esfuerzos.
Tu mano no me tocará:
tal es la virtud del carro
que el padre de mi padre, el Sol,
nos da, como defensa
contra un brazo enemigo.

JASÓN

¡Monstruo! ¡La mujer que más puede
repugnar a los dioses, y a mí,

104

y a todo el género humano!
¡Tú que has tenido la osadía
de usar la espada contra los hijos,
que diste a luz,
y me has herido de muerte
al dejarme sin hijos!
Y, después de este crimen,
sigues contemplando
el sol y la tierra
cuando te has atrevido
a la acción más impía.
Te deseo la muerte.
¡Ahora te conozco; no te conocía,
cuando de tu casa
y de una tierra bárbara
a una casa griega te traje,
peste nefasta,
traidora al padre
y a la tierra que te crió!
Tu genio vengador
contra mí han lanzado los dioses,
pues ya había matado
a tu hermano en tu casa
cuando embarcaste en la nave Argo,
de bella proa. Ésos fueron tus comienzos.
Después te casaste con el hombre
que te habla, y, tras darme hijos,
hoy por odio al tálamo nupcial
los has matado.
En toda Grecia no hay una mujer
capaz de osar tal crimen, y a ellas
a ti te preferí yo por esposa.

Me uní, para mi ruina, contigo
—no una mujer, una leona—.
Pero ni mil injurias
en ti harían mella:
tal es la desvergüenza de tu naturaleza.
¡Vete en mala hora,
infame, abyecta asesina de niños!
A mí sólo me queda
lamentar mi destino:
no podré disfrutar
de mi reciente boda,
y a los hijos que engendré y crié,
en vida, ya no podré
dirigirles la palabra.
Los he perdido.

MEDEA

Tras el ultraje hecho a mi lecho,
no ibas tú a llevar
una vida regalada
riéndote de mí;
ni la reina,
ni quien te procuró una esposa,
Creonte, me iban a expulsar
impunemente de esta tierra.
En el corazón me diste,
y en el corazón yo te he tocado.

JASÓN

Tú también sufres
y compartes mis desgracias.

Entérate bien:
bienvenida sea la pena,
con tal que tú no rías.

JASÓN

¡Hijos míos! ¡Qué indigna madre
os ha tocado en suerte!

MEDEA

¡Niños! ¡Cómo os ha perdido
la locura de un padre!

JASÓN

No, no es mi brazo
el que los ha hecho morir.

MEDEA

Pero tu injuria, sí,
y tu reciente boda.

JASÓN

¿Y te pareció bien inmolarlos
a tu lecho?

MEDEA

¿Crees que para una mujer
es una ofensa leve?

JASÓN

Sí, si es casta;
pero en ti todo es vicio.

MEDEA

(Señalando los cadáveres.)

Ellos ya no viven: esto será
tu tormento constante.

JASÓN

Viven y son Furias
enganchadas a tu corazón.

MEDEA

Bien saben los dioses
quién desencadenó esta desgracia.

JASÓN

Permite que entierre
a estos muertos
y que les haga el duelo.

No, no, soy yo quien los enterrará
con estas manos.
Y me iré a Atenas
donde me acogerá, como huésped, Egeo.
Tú, como vil que eres,
tendrás una vil muerte.

JASÓN

¡Ojalá te destruya la Furia de tus hijos,
y la Justicia que venga los crímenes!

MEDEA

¿Quién quieres que te escuche, qué dios,
qué dios, a ti, el perjuro?

JASÓN

¡Ay, ay, infame,
asesina de tus hijos!

MEDEA

Vete a casa
y entierra a tu mujer.

JASÓN

Me voy, privado de mis dos hijos.

MEDEA

Tu llanto aún no es nada:
espera a la vejez.

JASÓN

Hijos queridísimos…

MEDEA

Sí, para su madre, para ti no.

JASÓN

¿Y por eso los has matado?

MEDEA

Sí, para hacerte daño.

JASÓN

¡Ay, infeliz de mí, anhelo
besar la amorosa boca de mis hijos!

MEDEA

Ahora les hablas, y quieres abrazarlos;
antes los rechazabas.

JASÓN

Otórgame, por los dioses,
que acaricie la tierna piel
de mis hijos.

MEDEA

No.

(El carro alado desaparece.)

JASÓN

¡Zeus! ¿Escuchas cómo se me rechaza,
cómo me trata esta abominable
infanticida, esta leona?
Lloro a mis hijos y conjuro a los dioses;
los pongo por testigos
de que los has matado
y me prohíbes
acariciarlos y enterrar sus cuerpos.
¡Ojalá que jamás los hubiera engendrado!

(Sale muy lentamente.)

CORIFEO

(El coro se dirige hacia la salida.)

Con inesperados y horribles acontecimientos
tejen los dioses nuestra vida.

Lo que habría tenido que suceder
no ocurrió nunca. Lo que esperábamos
no se cumple;
y a lo inesperado
la divinidad abre paso.

LA VENGANZA TRIUNFAL

JORDI BALLÓ Y XAVIER PÉREZ

Ante los hechos terribles que contiene la historia de Medea, la primera reacción de un lector o espectador contemporáneo podría ser la de la incomprensión, el distanciamiento, y la prudente remisión del argumento a los valores de una cultura atávica que nada tiene que ver con la nuestra. La extraordinaria habilidad de Eurípides para hacer que el acto límite con que culmina la obra sea realizado por uno de sus personajes más fuertemente humanizados no impide que las consecuencias últimas del mismo trasladen el perfil de su heroína al otro lado de un abismo que la conciencia no puede transitar impunemente. Pero este rechazo visceral se da de bruces con dos constataciones simultáneas. Por un lado, desde la perspectiva de la cultura institucional, *Medea* es una de las tragedias griegas que más se representa en todo el mundo. Por el otro, sucesos parecidos se inscriben, con más frecuencia de la que podría preverse, en ese espacio contemporáneo para la tragedia profana que es el suceso periodístico.

El ensamble entre estos dos extremos de reencarnación actual del mito queda muy bien ejemplificado en el proceso de gestación de *Gritos de pasión* (*A Dream of Passion*, 1978), una de las películas menos conocidas y tal vez más incómodas de la filmografía de Jules Dassin, el realizador norteamericano exiliado a Europa tras la caza de brujas, e instalado en Grecia desde su matrimonio con la actriz Melina Mercouri. En 1961, la opinión pública griega había quedado conmocionada por la noticia desconcertante de una joven americana trasladada a Atenas que había matado a sus hijos de una forma tan visceral y sanguinaria que la prensa la había convenido en bautizar como una Medea americana. Varios años después, a Dassin se le ocurrió recuperar ese suceso periodístico para imaginar un filme en el que una actriz –la propia Mercouri–, ante el reto dificilísimo de encarnar y comprender el personaje de Medea en una moderna versión televisiva, visita, en prisión, a la infanticida, interpretada en la pantalla por Ellen Burstyn. De la confrontación con la asesina, visualizada más como una víctima que como un verdugo, la actriz hacía evolucionar el personaje hacia un territorio de verdades interiores que dinamitaba toda frontera moral clara en relación al caso. En uno de los momentos decisivos del filme, cuando a la actriz se le preguntaba si creía justificada la conducta de la encarcelada, ella respondía que sería tal vez más justo preguntar «qué clase de desesperación pudo llevarla a matar a sus hijos». En este juego de espejos entre representación, mito clásico y cotidianidad, Dassin ponía sobre la mesa el problema de la dificultad de comprender intelectualmente el gesto de Medea, pero también la necesidad de penetrar interiormente en la inquietante continuación de dicho gesto –y, por lo tanto, de su vigencia literal– en el salto brusco y sensacionalista a las primeras páginas de los diarios.

Como Dassin o como Melina Mercouri, algunos otros representantes del teatro, el cine y las artes plásticas, se han querido interrogar, en algún momento de sus trayectorias, por los misterios que arrastra la heroína de Eurípides, por sus razones oscuras y su impiedad hermética. Esas aproximaciones siempre tienen algo de investigación radical, porque seguir el camino de la infanticida nos aleja sin remedio de la reconfortante fascinación que suscitan tantos otros mitos trágicos de la cultura griega. El gesto de Medea es tan extraño a los valores de nuestra cultura que intentar abordarlo estéticamente sitúa al creador frente a un crucial interdicto antropológico. Quizá por todo ello, y al contrario que la mayoría de historias nacidas en Grecia, la obra de Eurípides deriva escasamente hacia otras narraciones. Mientras el mito que alude a su más evidente antagonista, el argonauta Jasón, es el patrón por excelencia de una infinita cadena de ficciones literarias y cinematográficas que tratan la búsqueda de un tesoro, el motivo de Medea tiene muchas menos ramificaciones. Buscadores de objetos mágicos, como Jasón, puede haber muchos; asesinas de los propios hijos, como Medea, muy pocas. En su singularidad, la orgullosa nieta del Sol no puede servir como ejemplo ético (al estilo de Antígona), ni tan sólo como espejo purificador donde el hombre reconoce sus debilidades (como sucede con Edipo). Por todo ello, recorrer la memoria cultural del personaje sólo puede hacerse desde la esporádica detección de aportaciones singulares por parte de autores capaces de llevar al límite la profundización moral en las razones de un infanticidio.

La invención de Eurípides

Ya en el momento de su estreno, la desmesura del argumento de *Medea* debió de crear insatisfacción, cuando no enfado, entre sus contemporáneos. Prueba de ello es que, en el concurso del año 431 en que fue presentada, tuvo que conformarse con un decepcionante tercer premio, algo por otro lado habitual para el siempre polémico Eurípides, cuya modernidad provocativa y su avanzado sentido de la libertad no lo hacían tan del gusto de los atenienses como los demás trágicos. Lo que más debió de irritar de la obra fue, sin duda, la actitud nada moralista y hasta cierto punto solidaria con que el dramaturgo presentaba al personaje. Este intento de captación generosa y desprejuiciada de las razones de Medea partía, además, de una modificación nuclear de los hechos mitológicos tal como la tradición los había conservado. Hasta la escritura de la tragedia, Medea sólo formaba parte del patrimonio mitológico de Grecia como la hechicera que había ayudado a Jasón a conseguir el Vellocino de Oro en la expedición argonáutica a la Cólquide, y que, siendo abandonada por éste en Corinto, se vengaría de la afrenta matando a la nueva mujer de Jasón, y al padre de ésta, pero nunca a sus propios hijos. La muerte de los niños había sido siempre atribuida a los propios corintios, en respuesta vengativa a los crímenes de Medea. La variación que propone Eurípides es tan sorprendente como difícil de asumir: es Medea quien los mata directamente, como culminación de su premeditada venganza contra el altivo Jasón.

Con esta modificación estructural del argumento, Eurípides no hacía otra cosa que llevar al límite la caracterización de un personaje que, ya en versiones anteriores, manifestaba un carácter rotundamente sanguinario. La trayectoria de Medea siempre había estado, en efecto, marcada por la violencia: primero, en el barco que la había transportado en compañía de Jasón hacia Grecia, matando a su hermano Apsirtos, y arrojando su cuerpo troceado al mar, para que su padre detuviera su persecución, obligado a recoger los restos del hijo asesinado. Luego, en Yolcos, provocando la muerte del usurpador Pelias, descuartizado por sus propias hijas, subyugadas por la magia fatal de Medea, que actúa tan cruelmente para que Jasón recobre el poder.[1] Más tarde, y después de los hechos de Corinto, la tradición señalaba nuevos actos sangrientos de la hechicera en Atenas, donde, acogida por Egeo, estaría a punto de envenenar al hijo de éste, Teseo.[2] Finalmente, regresada ya a la Cólquide, la historia de Medea todavía acumulaba nuevas transgresiones cuando, en un efecto de redundancia simétrica respecto a los favores prestados a Jasón, habría ayudado a su padre, desterrado por su tío, a recuperar el trono, a través de nuevas tretas maléficas de carácter sanguinario.

La leyenda de Medea supone, pues, una cadena de destrucción constante, que Eurípides lleva, sin embargo, a un punto de inflexión completamente anómalo. Y es que, si bien los

1. Episodio recogido en la obra de Eurípides, desaparecida, *Las pelíadas.*
2. Episodio recogido en otra de las obras de Eurípides que no han llegado hasta nosotros: *Egeo.*

actos de la heroína son demoledores, la capacidad de justificarlos humanamente preside el desarrollo de la obra. Las sangrientas circunstancias de la mitología anterior de Medea son ahora vistas, por el audaz autor de *Las bacantes*, como fruto de un amor poderoso, radical, y consecuente. En la misma medida, el asesinato de los hijos no responde al gesto primitivo de una bárbara hechicera, sino a las razones de una mujer engañada. Eso es lo más turbador del trabajo de Eurípides en relación a la leyenda: bajo el pretexto de estar recreando la conducta irracional de una maga extranjera, el dramaturgo nos propone un retrato lleno de profundidad de una mujer atrapada en el recuerdo de un amor del que ha sido excluida, y cuya reacción al rechazo deviene en una necesidad de venganza nada oscurantista. En los discursos de Medea resuena la voz de una víctima femenina del poder patriarcal, y, por lo tanto, las razones de un odio que hace todavía más incómoda la contemplación de la obra. En *Medea*, el destino, ese agente de la tragedia griega que parece eximir de responsabilidad en la elección a los seres humanos, convertidos en marionetas del hado, está poco menos que pulverizado. La venganza de Medea no puede ser vista como un simple dispositivo establecido por los dioses, sino, directamente, como el resultado de una lucha interior que acaba con un acto libre. Como argumentó una vez Erich Auerbach, «no podemos menos que conceder, a la *Medea* de Eurípides, una *unique essence*, e incluso libertad de acción, y también momentos de vacilación y de lucha contra la propia y espantosa pasión».[3]

3. Eric Auerbach, *Mimesis*, Fondo de Cultura Económica, México, 1950, p. 298.

El escándalo que debió de suscitar tal apego de Eurípides a los motivos de su heroína debió de ser de gran calado, si tenemos en cuenta, además, que el final de la obra no comporta el menor castigo a la asesina: ésta parte victoriosamente de Corinto, en el carro alado que le proporciona su abuelo el Sol, y con el que emprende viaje nada menos que a Atenas, donde el rey Egeo se ha comprometido a protegerla de cualquier persecución. Contando con que el público de Eurípides era precisamente el ateniense, hay que considerar la audacia del dramaturgo como una verdadera provocación para los espectadores de su tiempo.

Mujer contra hombre

Aun con los muy necesarios escarceos intermedios que Medea sostiene con Creonte –quien le ordena que parta de su ciudad, aunque acaba concediéndole una jornada más–, o con Egeo –que se convertirá en el futuro protector ateniense de la maga–, la tensión central de la obra se reduce, como en tantas otras tragedias griegas, a un diálogo entre dos seres en conflicto. Este choque dramático fundamental es el que enfrenta a Medea con Jasón: la mujer despechada contra el hombre que la ha abandonado. En ese tenso juego entre sexos contrarios, entre fidelidad e inconstancia, entre aplomo y cobardía, entre sinceridad y engaño, Jasón tiene siempre las de perder, pero Eurípides sabe concederle razones para que el diálogo alce el vuelo. Por supuesto, se trata de excusas de una mentalidad pragmática que Eurípides dignifica más bien poco. El Jasón recreado por el dramaturgo ha perdido todo el valor que puede concederle la leyenda (aunque siempre se ha tratado de un personaje algo trivial, como argumentó en su día Paul Diel),[4] para obedecer a una vil ansia de supervivencia. En su justificación ante Medea, Jasón sostiene que su nueva boda es un matrimonio de conveniencia, destinado a cambiar su condición de fugitivo por la de esposo de una futura reina, algo que ha de beneficiarle tanto a él como a sus hijos, y que permitiría tranquilidad a Medea si ésta sólo quisiera reposo y protección. En el curso de sus reflexiones, Jasón se nos muestra tan infiel a Medea como poco enamorado de la hija de Creonte. Pero el amor de Medea, que sí ha sido absoluto, no puede atender a motivos pragmáticos: el abandono de su esposo es real, y real será la venganza que irá tramando, aunque Eurípides jamás desvele en ella un fundamento de maldad intrínseca.

En el abismo que se abre entre el amor verdadero de Medea y el pragmatismo de Jasón se entrevé, sobre todo, que la pasión amorosa sólo pertenece a la mujer. El viaje retrospectivo que activa el diálogo pone una visión tan crítica sobre el pragmatismo de Jasón que se hace difícil imaginarlo alguna vez enamorado de la hechicera. Todo parece indicar más bien que, como en el mito casi homólogo de Teseo y Ariadna, el héroe enamoró a la hija del rey enemigo por necesidad puntual de obtener su ayuda, y ahora, en Corinto, se dispone a hacer lo mis-

4. Paul Diel, *El simbolismo en la mitología griega*, Labor, Barcelona, 1991, pp. 165-175.

mo con la hija del rey Creonte: seducirla para obtener seguridad, aun a costa de desbancar a la que hasta entonces ha sido su esposa y colaboradora.

La reacción de Medea a los equívocos juegos de Jasón es, por todo ello, una mezcla de racionalismo y emotividad. Por un lado, su papel de vengadora atiende a castigar al hombre desde una perspectiva política, en tanto que mujer sin derechos en relación al sistema patriarcal que la acoge. Ese sistema encontrará la expresión más alta de su cinismo en unas palabras de Jasón que identifican a la mujer como un peaje innoble que el hombre debe soportar si quiere tener descendencia.[5] A esa mentalidad misógina y excluyente responderá Medea desde su primer parlamento aun antes de haber concebido su sangriento plan: «De todas las especies animadas / y dotadas de pensamiento / nosotras las mujeres / somos los seres más miserables». En su recriminación, Medea recuerda lo fácil que es para los hombres abandonar a la esposa, y cómo, sin embargo, el adulterio es criminalizado si proviene de ellas. Y se presenta ante el coro –un grupo de mujeres de Corinto en que Medea encontrará un espejo para la piedad– como la víctima del rapto a que la sometió un hombre que ahora la abandona sin el menor derecho de compensación.

5. Lo cual no deja de responder a la tradición misógina y patriarcal griega que funda la *Teogonía* de Hesíodo. Véase al respecto Ana Iriarte Goñi: *De amazonas a ciudadanos: Pretexto ginecocrático y patriarcado en la Grecia antigua*, p. 130.

Pero ya en la conclusión de su primer parlamento lleno de argumentación política, el elemento irracional emerge como el único que, verdaderamente, puede explicar la radicalidad de la heroína. La mujer, según Medea, puede ser normalmente más cobarde que el hombre, pero «cuando la ultrajan en la cama, / en parte alguna encontrarás / un corazón tan sanguinario». Este sentimiento de ofensa asociado al tálamo sexual desvía la atención de Medea de la pura especulación feminista para entrar en el territorio de la pasión.

Del amor al odio

Aunque el canon literario del relato de amor tiene sus raíces en la literatura medieval, no se puede negar el aliento pasional de las heroínas de Eurípides, verdadero introductor del poder del Eros autodestructivo en el imaginario de la ficción occidental. Bien es cierto que, en su teatro, el amor nunca es un sentimiento correspondido, y que su centro de atención es la mujer antes que la pareja. Se trata, al fin y al cabo, de un viaje trágico hacia un mundo de excesos que la mentalidad griega ve con malos ojos, y que, en su ciega misoginia, atribuye tan sólo a la idiosincrasia femenina. Pero aun parapetado en esa visión machista de la pasión femenina como enemiga de la templanza, Eurípides siempre otorga a sus inolvidables heroínas un aura de grandeza tan extraordinaria, que los hombres que las rodean se convierten en presencias incapaces de asumir la dimensión excelsa del amor. Antes que Medea, Eurípides ya había dibujado, sobre todo, una Fedra fascinante, arquetipo primigenio de la furia de un

Eros obcecado y rebelde, lanzado a la conquista vana de un deseo no correspondido. Desde esta perspectiva, y observando la evolución del arquetipo, la conducta de Medea podría verse como la expresión radical del deseo puro, siendo, su figura, encarnación de lo que Michel Cazenave, hablando de la heroína, define como el paso de *la locura del amor* a *la locura en el amor*.[6]

Esta perspectiva pasional es, en la obra de Eurípides, una nota latente más que un elemento verdaderamente desarrollado, pero no deja de ser uno de los andamios sobre los que la conciencia creadora que se quiere replantear el mito puede asumir el acto infanticida. Las recreaciones dramáticas más célebres escritas con posterioridad a Eurípides indagan en ese mecanismo pasional y lo exacerban, proponiendo el personaje de una mujer desesperada por el abandono, y visualizando al máximo el paso que va del amor al odio; siempre, pues, moviendo al personaje en una perspectiva pasional. Séneca, por ejemplo, hace de los lamentos de Medea los gritos iracundos de una amante despechada, y mezcla esa «locura en el amor» con las raíces mágico-exóticas del personaje, en su calidad de hechicera llegada de un bárbaro mundo oriental. La tragedia del autor latino, llena de los efectos *grand-guignolescos* tan propios de éste (y que tanto influyeron en los autores isabelinos) nunca indaga en otro aspecto del personaje que el de la irracionalidad. Muchos siglos después, en 1635, Corneille sigue claramen-

6. Michel Cazenave, *Histoire de la Passion Amoreuse*, Editions du Felin, París, 2001, p. 35.

te el estereotipo de Medea como amante despechada, y, lo que es más lejano a la intención de Eurípides, hace de la trama entre Jasón y Creusa −la hija de Creonte, que ni tan sólo aparece en la obra original− una historia de amor alternativo. Hasta tal punto Corneille manipula el argumento de Eurípides, que la muerte de los hijos es insólitamente postergada a un segundo término: es el propio Jasón quien manifiesta la intención de matarlos para vengarse de Medea, por lo que el descubrimiento de que ella se le ha anticipado no supone más tragedia que la de ver limitada su posibilidad de venganza. Al dedicar todo el parlamento final de Jasón al recuerdo de Creusa −e ignorar prácticamente la infamia con los hijos−, lo que Corneille busca es minimizar la trama del infanticidio (acaso demasiado inexplicable para el racionalismo de su teatro), y concentrar el arquetipo de Medea en una historia de pasiones triangulares, completamente alejada de la provocativa propuesta de Eurípides.[7]

Pues lo cierto es que el autor griego, mucho más inquietante que sus sucesores, nunca exacerba la pretendida locura de Medea. El duelo racionalidad-sentimiento constituye el centro de su extraordinario monólogo final, y es desde el entendimiento subjetivo de sus osadas decisiones que se inclina hacia el negro desenlace: «Sí, siento los estragos que voy a causar; / pero la pasión es más

7. Esta visión pasional alejada de toda inquisición política es la que da paso al motivo de Medea en la ópera, y, muy especialmente, a la célebre versión de Cherubini, 1797.

fuerte que mis resoluciones / y ella causa, en el mundo, los peores males».

Estas palabras desmienten la posibilidad de buscar en la pasión sexual la única justificación posible del matricidio. El acto de Medea sobrepasa el espacio de enajenación de un ataque de cólera (por más que dicha cólera sea invocada muy racionalmente en ese verso lapidario), para entrar en el territorio de un odio acumulado. Su crimen es un acto perfectamente premeditado, lleno de razones políticas, y es el acceso dramático a esas razones lo que pone al público contra las cuerdas de su resistencia moral. Aun así, la justificación más inmediata del motivo de matar a los hijos va quedando clara a lo largo de la obra, y se concreta con toda nitidez en la frase de Medea a Jasón «(los he matado) para hacerte daño». Ya en unos cánticos del corifeo, éste ha manifestado, premonitoriamente, que «los que tienen en casa una dulce / prole de hijos, noche y día los veo / de angustia consumiéndose», pues el temor constante a su pérdida sólo puede ser vencido por un mal mayor: el cumplimiento de ese miedo. Para que Medea satisfaga plenamente su venganza, haciendo de la misma esa «obra maestra» a la que aludió Corneille en su versión del drama, debe proporcionar a Jasón el máximo dolor y ése debe venir, inequívocamente, de la muerte de los propios hijos.

La mano de los dioses

El teatro de Eurípides dejó muy en segundo término la idea del destino y convirtió a sus personajes en verdaderos agentes pasionales de las catástrofes que ellos mismos provocan. Sin embargo, la idea del *deus ex machina* preside la organización de su dramaturgia, como una forma funcional de provocar una conclusión inapelable en cada trama. En *Medea*, este mecanismo (cuyo efecto escenográfico en las representaciones atenienses era importante y solemne) se concreta en el carro alado que se lleva a la heroína, victoriosa, tras su venganza. Aunque pueda parecer que la relación de Medea con la divinidad es secundaria, no hay que olvidar que es nieta del dios Sol, y es éste quien le proporciona el vehículo que permite su fuga. Además, Medea es una figura que puede ser tan destructiva como benéfica, y Eurípides se cuida muy oportunamente de manifestarlo cuando, en su única conversación con el estéril Egeo, la hechicera se compromete a utilizar, en el futuro, su poderosa magia, para hacer posible su descendencia. A causa de esa dimensión sobrenatural del personaje, es posible ver en la acción de la heroína la manifestación de un acto de castigo por parte de la divinidad, un acto de castigo hacia un hombre, Jasón, que no se ha comportado jamás como su rango de rey exigiría. Esta punición convierte la muerte de los hijos en el cumplimiento de un destino transmitido de padres a hijos, y en eso Eurípides sigue los cánones de la tragedia ática. Cuando, ante la maldición que Medea hace hacia sus hijos, la nodriza le pregunta «¿por qué a tus hijos mezclas / con las fechorías de su padre?», está poniendo de relieve esa inamovible tesitura trágica. Visto desde esta perspectiva, el movimiento dramático de la obra es parecido al de otras venganzas divinas dramatizadas por Eurípides como la de *Fedra*, donde el menosprecio a Afrodita por parte de Hipólito es el que lleva a la diosa a enamorar a Fedra con un amor insoportable hacia su hijastro, o como *Las bacantes*, donde Dioniso, para castigar al pueblo que no quiere reconocerlo como dios, hace que la madre del rey, Agave, devore a su hijo Penteo, confundiéndole con un animal. La construcción dramática de *Medea* sigue este mismo esquema de venganza triunfal por parte de la divinidad. El hecho de que la heroína sufra en propia piel su decisión lleva a un grado superior de complejidad la construcción psicológica del personaje, pero no impide esta visión triunfal. Al fin y al cabo, la obra se inicia con una mujer postrada por el dolor, que afirma desear morir, y acaba con una mujer elevada en un carro divino, que deja atrás una estela de cadáveres. Este trayecto del deseo humillante de muerte propia a la victoria total sobre Jasón debe ser considerado, guste o no, como un provocativo viaje hacia la liberación.

Situar a Medea del lado de los dioses, y contra los demonios que han poseído al esposo traidor, sería una forma de construir el argumento como una tragedia religiosa que, curiosamente, se ha podido leer así por cierta ficción cinematográfica. En el mencionado filme de Dassin *Gritos de pasión,* sobre la «Medea americana» contemporánea, el personaje de la asesina encarcelada resulta ser una devota religiosa (siempre acompañada de una monja vigilante que parece ampararla y comprenderla mucho más que recriminar sus actos), que cuando se refiere al asesinato de los hijos, utiliza un lenguaje mesiánico y redencionista: «Soy un alma y un cuerpo salvados por la gracia de Dios», le confiesa a la actriz que la visita, y reconoce que mató a sus hijos para protegerlos del demonio en que se había convertido su padre, poseído por una diabólica prostituta. Esa radicalidad religiosa tiene curiosos ecos dramáticos en el filme de Alejandro Amenábar *Los otros* (2001), una de las pocas películas de la historia del cine que convierte a su heroína en asesina de sus propios hijos, sin aludir directa o indirectamente a Medea. Sin embargo, en el personaje de Grace Stewart (Nicole Kidman), una madre cuyos problemas psíquicos parecen haber aumentado con la partida de su marido hacia la guerra, se puede ver el retrato de una mujer cuyo acto religiosamente radical, el asesinato de los hijos en un rapto de locura momentánea, no deja de ser la manifestación suprema de un espíritu de protección que la heroína sólo puede asumir en nombre de Dios. En esta *Medea* no presentada como tal, pero finalmente homologable a la heroína de Eurípides en la literal semejanza de sus asesinatos, se explora la dimensión sobrenatural de un acto gigantesco en su capacidad de horrorizarnos, que tal vez necesita de ese amparo hipotéticamente divino para ser aceptado en toda su complejidad. Y aunque en el filme de Amenábar la dimensión triunfal del personaje no existe (todo es melancolía y desolación), el descubrimiento final de la culpa del crimen, y el abrazo filial con que el filme acaba siguen decantando la conclusión del argumento, como en la obra de Eurípides, hacia algún tipo —por cauto que sea— de liberación.

El acto radical

Más allá de esta peculiar variación del argumento hacia una sublimidad religiosa no exenta de truculencia, la vigorización de *Medea* en el siglo XX se debe, más bien, a la asunción política que puede hacerse de ese acto de feminismo radical que supone el asesinato de los niños en tanto que *hijos del Padre*. Aunque no es ésta la única lectura moderna posible (Jean Anouilh, por ejemplo, persistiría en el duelo pasional entre razón y magia, con la adscripción exótica de *Medea* al mundo de los gitanos), la obra de Eurípides permite el salto moral hacia la identificación positiva con Medea cada vez que un autor contemporáneo se plantea la disidencia con el cuestionable sistema de valores en que se sustenta cualquier orden de civilización de carácter patriarcal. El pensador Slavoj Zizek ha resumido la cuestión, con su proverbial capacidad de síntesis, a partir de la confrontación entre Medea y Antígona.[8] Para Zizek, si bien Antígona es una ejemplar contestataria, su gesto nunca se aleja de la jerarquía moral impuesta por el hombre. En su piedad íntima, Antígona es capaz de rebelarse contra una injusticia puntual (aunque perpetrada por un Estado), pero no deja de ir a favor de la Ley del Padre: se somete, en cierta forma, a la realidad de una guerra y a las conveniencias dictadas por los dioses, y al fin y al cabo acepta su destino como víctima expiatoria. En *Medea*, el acto radical es absoluto, justamente porque no se puede comprender desde el sistema de valores establecido. Al ac-

8. Slavoj Zizek, *El frágil absoluto o ¿Por qué merece la pena luchar por el legado cristiano?*, Pre-textos, Valencia, 2002, p. 196.

tivar la posibilidad de un salto vertiginoso y valiente hacia lo que está más allá de la ley patriarcal, el pretendido «sacrificio» de los niños acaba convertido en un tránsito absoluto hacia la liberación. Zizek, para ilustrar su teoría, rememora la novela de William Styron *La decisión de Sophie*.[9] Ante la imposición perversa del capataz nazi que obliga a la protagonista a escoger entre la vida de sus dos hijos si no quiere perderlos a ambos, la piadosa decisión de Sophie —decidirse por uno de ellos— acabará persiguiendo su conciencia toda la vida. Para Zizek, la única contestación posible ante el reto infame es matar a los dos hijos, es decir, no entrar en el discurso perverso de la aceptación del *mal menor*. Medea presenta exactamente ese acto de libertad: la asunción de un mal mayor y absoluto exonera a la heroína de cualquier acatamiento piadoso de una ley que considera inaceptable. Al matar a los hijos, los salva, y se salva, pues consigue trastocar de raíz los principios a que el patriarcado intolerable de Jasón querría integrarlos.

Puede entenderse, desde esta perspectiva, y como el propio Zizek constata, que la izquierda radical también haya sabido ver en Medea el estandarte de una gestualidad revolucionaria que aplica, a un mundo de injusticia, un castigo que tiene un claro significado liberador. Ésa es la Medea recreada por Heiner Müller en su versión teatral, y ésa, también, la Medea releída por la escritora Christa Wolf, sólo que, en este caso, la autora decide convertir el acto infanticida en un rumor que,

9. Adaptada al cine por Alan J. Pakula.

según la protagonista, han difundido los enemigos de su activismo revolucionario.

Magia contra razón

Las aproximaciones cinematográficas que algunos autores contemporáneos han realizado sobre *Medea* pasan también por este juego radical de contestación. La primera de ellas es, cronológicamente, la que Pier Paolo Pasolini ofrece en 1969, en el filme interpretado por Maria Callas. Su opción al escoger a esta diva para encarnar a la protagonista es significativa: Callas había interpretado el papel de Medea en la ópera romántica de Cherubini, pero Pasolini, que manifestaba detestar dicha ópera, quería releer el mito despoblando de todo exceso sentimental a la misma mujer que le había dado voz operística. Su versión, absolutamente contraria al modelo aristotélico de la catarsis, supone una *Medea* releída desde parámetros distanciadores que permitan al público reflexionar sobre el mito antes que dejarse subyugar emotivamente por el mismo.

Para el cineasta italiano, que seguía la ruta de investigación antropológica sobre los mitos ancestrales emprendida dos años antes en su *Edipo*, Medea representa, no tanto a la mujer que ha sido abandonada por un hombre, como la encarnación de los valores de una cultura matriarcal atávica, a salvo de todo lo que el patriarcado posterior ha convertido en poder material.

Recogiendo de pleno toda la leyenda de Jasón, desde su formación con el centauro Quirón hasta los hechos trágicos en Corinto, Pasolini propone en su *Medea* la crónica del paso trágico del mundo de la magia al de la razón, relacionados metafóricamente con el antagonismo mujer-hombre. Medea, representante de la cultura antigua, comete el error de enamorarse de Jasón y de renunciar a su mundo mágico. Su venganza final supone un retorno a ese mundo atávico, y el acto infanticida es ejecutado por ella como una exaltación necesaria de los viejos poderes, aquellos que sostenían un mundo donde el hombre estaba desinteresadamente integrado a la naturaleza, por lo que la vida y la muerte convivían en la cotidianidad. La larga secuencia inicial del ritual de fertilidad en la tierra originaria de Medea, que culmina con el sacrificio tribal de un joven, se puede ver como una manifestación de esa armonía, por cruel que nos parezca, en contraste con los actos cobardes de Jasón, que obtienen, en el filme, una venganza radical, pero poéticamente justificada. Ese ritual del inicio del filme tiene una temporalidad completamente anómala en el marco de una ficción dramática, porque Pasolini, muy influenciado en esa época por las teorías antropológicas de Mircea Eliade, ha decidido instalarnos en un tiempo simbólico anterior al nacimiento del drama. Ese ámbito situado *in illo tempore* representa, para Pasolini, «el momento ideal de la humanidad».[10] La pérdida del mismo convierte a Medea en la mensajera necesaria para que

10. Jean Duflot, *Conversaciones con Pier Paolo Pasolini*, Anagrama, Barcelona, 1971.

el racionalismo del mundo occidental se descubra culpable de haberse vendido al pragmatismo de un falso progreso. Es en el acto de venganza contra Creonte y Creusa donde el cineasta italiano más deja ver la dimensión simbólica de su propuesta, al permitirse mostrar dos veces los asesinatos: primeramente en clave soñada y mágica –a partir de la túnica que se convierte en fuego, como en la tragedia de Eurípides– y luego en clave realista: basta con que Medea ofrezca un espejo a Creonte y a su hija para que éstos se suiciden. Como ha explicado ejemplarmente Ana Maria Leyra,[11] este espejo permite a sus enemigos purificarse comprendiendo su falta, algo a lo que la misma Medea no escapa cuando, en una nueva transgresión respecto al mito original, Pasolini hace arder, a la maga, en el fuego final purificador. En su retorno a la belleza del origen, Pasolini entiende que Medea no está exenta de culpa por haber traicionado a su cultura y convertido el resto de su vida en una existencia degradada, y debe también redimir dicha traición en el fuego liberador con que se cierra la película.

Los límites de la representación

Incluso cuando la poesía metafórica de Pasolini afronta la elección sanguinaria de Medea desde una admiración exenta del menor moralismo, el acto infanticida supone un hiato difícil de salvar por una ética de la mirada y de la representación. Las leyes comunes al género trágico, en

11. Ana María Leyra, *La mirada creadora. De la experiencia artística a la filosofía*, Península, Barcelona, 1993, pp. 11-23.

Atenas, permitieron a Eurípides eludir la visión del asesinato, porque, como siempre en el teatro ateniense, los hechos violentos sucedían fuera de la escena, en ese espacio simbólico de lo irrepresentable que se anticipaba veinticinco siglos a una de las grandes discusiones creativas de la era del audiovisual: el límite moral de las imágenes, la imposible encarnación figurativa de lo abyecto.

En la obra de Eurípides, el asesinato de los hijos por la espada de Medea tiene lugar fuera del escenario, aun cuando —y el hecho no es poco terrible— se escuchan las voces de los niños, pidiendo socorro y rogando a su madre que tenga piedad de ellos. La traslación de dicha escena llena de tensión centrípeta hacia el territorio espacialmente libre del cine, pone, pues, en juego, toda la teoría del *fuera de campo*, y parece obligar al cineasta a construir su discurso desde una aproximación a las causas que sólo muestre a posteriori, convenientemente distanciados, los efectos. La forma que los principales adaptadores cinematográficos de Medea han abordado el acto crucial de la heroína se instala habitualmente en una especie de conciencia compartida de escena obligatoria: la muerte de los hijos como un irremplazable fuera de campo.[12] Aunque cada cineasta pueda buscar estrategias personales para enfrentarse a este fuera de campo, la

12. En el mencionado filme de Jules Dassin, *Gritos de pasión*, ese fuera de campo cobra una gran fuerza en la visita de Melina Mercouri a la casa donde ha tenido lugar la investigación policial del suceso trágico contemporáneo. Sobre el suelo de la casa donde los niños fueron asesinados aparece la silueta, en tiza, de lo que fue la posición de sus cuerpos tal como fueron encontrados.

conclusión es similar: los motivos de Medea pueden lle-
gar a explicarse a lo largo de un filme, pero el velo pú-
dico de la ocultación ayudará a asimilarlos simbólica-
mente.

Uno de los mejores usos de esta estrategia es el que es-
grime Arturo Ripstein en *Así es la vida* (2000), su versión
contemporánea del mito. Julia (una creación admirable
de la actriz Arcelia Ramírez) es, en la película, una cu-
randera dedicada significativamente a prácticas prohibi-
das como el aborto clandestino, que lo ha dejado todo
por irse a vivir con un boxeador que acaba enamorado
de la hija del casero –con aires de cacique– que les ha
facilitado la vivienda. La exploración que Ripstein efectúa
de la vigencia del mito en el marco escénico de un su-
burbio mexicano, plagado de iconografía kitsch, está
hecha a partir de un procedimiento fijo y obsesivo, muy
característico del director: el uso de largos planos secuencia[13] que captan la gestualidad doliente de la heroína en
sus desconsolados monólogos, deambulando entre las
paredes de la casa que acogerán, finalmente, su acto fi-
licida. A lo largo del filme, la sensación premonitoria de
la muerte infantil viene dada por eventuales acercamien-
tos de la cámara a los cuerpos de los niños, siempre
abrazados piadosamente por la madre, pero frágiles y
vulnerables, sea cuando aparecen dormidos en la cama
o cercanos a la bañera que acogerá la muerte del peque-

13. Facilitados, en este caso, por el rodaje en vídeo digital. Ésta
fue la primera película rodada con tal procedimiento, y luego trans-
ferida a 35 milímetros, en la historia del cine latinoamericano.

ño. Cuando el crimen se produce, sin embargo, Ripstein utiliza muy hábilmente el fuera de campo: Julia se lleva al niño al cuarto de baño, y la cámara se queda fuera, en el pasillo donde la hija mayor, consciente probablemente de lo que está sucediendo, pero completamente supeditada a la madre, se limita mirar a un espejo que, delante de ella, le devuelve la imagen de una escisión anímica que muy poco después se cernirá sobre ella misma. El asesinato de la niña es todavía más tenso y provocativo: es el propio cuerpo de Jasón subiendo las escaleras hacia el balcón donde Medea le aguarda el que dificulta la visión del acuchillamiento que la madre realiza sobre su hija. En los títulos de crédito del filme, el guión de Paz Alicia Garciadiego dice basarse en la *Medea* de Séneca, tal vez por el protagonismo que éste otorga a las prácticas mágicas de Medea. Sin embargo, lejos del exhibicionismo de la violencia característico de la tragedia de Séneca,[14] donde el asesinato de los hijos sí se produce en escena, la tensa restricción de la mirada en la escena fatal devuelve este drama cinematográfico a la forma ática. En *Así es la vida*, el clima mágico, esotérico, e irracional, puede ser de origen latino, como puede provenir de Séneca el uso de un coro masculino antagonista, representado por unos mariachis que cantan irónicamente desde la pantalla de un televisor en blanco y negro. Pero la tensa gravedad del dispositivo trágico, la concepción del tiempo destructor como un destino –ese que humaniza verdaderamente a Jasón cuando proclama: «yo no

14. Hay que recordar, en cualquier caso, que la representación real de las tragedias de Séneca es, hoy por hoy, dudosa, resultando mucho más probable que fueran escritas para ser leídas.

he tenido la culpa de dejar de quererte; ha sido el tiempo»– y el clima de ceremonia que se desprende de los largos y sostenidos movimientos de cámara tiene la atmósfera atávica de la obra fundacional que dio forma y sentido a la historia de Medea.

La esclava libre

Es posible, como apunta Marguerita Rubino,[15] que nuestra contemporaneidad pueda integrar más que nunca a Medea dentro de los principales mitos que explican nuestro presente, por todo lo que la heroína representa de «Otredad» y extranjería en un mundo donde la voz de la inmigración está en el centro de los procesos de globalización galopante que se están viviendo. Si esta estudiosa consigna unas ochenta versiones y relecturas de *Medea* realizadas desde inicios del siglo xx hasta 1970, advierte del vértigo de multiplicación que supone hablar de un nuevo centenar entre 1970 y 2000, habiendo consignado relecturas de *Medea* en lugares tan diversos como México, Australia, Sudáfrica, Colombia o, de manera significativamente asidua, en la dramaturgia de las repúblicas de la antigua Yugoslavia, justamente durante los años de la guerra.

Esta *Medea* transfronteriza puede ser, directamente, representante de una raza oprimida.[16] Bob Wilson releyó

15. Marguerita Rubino, ed., *Medea contemporánea (Lars von Trier, Christa Wolf, scrittori balcanici)*, D.AR.FI.CL.ET., Génova, 2000.
16. Ya en las primeras décadas del siglo xx esta posibilidad había

el mito en el largo prólogo de uno de sus espectáculos teatrales, *Deafman Glance* (*La mirada del sordo*, 1970), filmado años después como un largometraje independiente, *Overture to the fourth act of a Deafman Glance* (1982), a partir de la imagen de una mujer negra asesinando a sus hijos ante un Jasón que acaba repitiendo la pantomima de los crímenes, asumiendo la responsabilidad de los mismos. En un creador como Wilson, la comprensión de los actos de Medea no era, sin embargo, traducible en un discurso razonado, porque, para él, «no es posible leer y comprender con el intelecto cómo una madre mata a sus hijos: se puede solamente ver y escuchar».[17]

Pero la tentación de ver la silueta de Medea en representantes de una raza perseguida sobrepasa la literalidad del personaje de Eurípides. Es así como el columnista afroamericano Stanley Touch inició una polémica con la escritora Toni Morrison cuando interpretó su novela *Beloved* (1987) como una recreación clara de la historia de Medea, algo que la novelista sudafricana negó posteriormente. Sin embargo, el argumento de la misma —una esclava que ha escapado con sus cuatro hijos y que, ante la perspectiva de ser capturada, mata a la hija mayor e intenta hacer lo mismo con el resto— permite ciertamente la comparación, si convertimos la figura patriarcal de

---

sido explorada por algunos dramaturgos: Hans Henry Jahn reinventa, en 1924, una *Medea* negra cuyos hijos mulatos son menospreciados por la civilización, y Henri René Lonormand hace de Medea una heroína asiática en su obra *Asia*, 1931.

17. Rubino, *op. cit.*, p. 22.

Jasón en la de un poder político basado en la esclavitud.[18]

El desafío estético

Medea fue uno de los proyectos no realizados de Carl
Theodor Dreyer en que más ilusión puso el director
danés. Se trata, en cierta forma, de su obra póstuma des-
conocida, pues su guión finalizado fue uno de los últimos
trabajos del director antes de su muerte. No se trata, en
este caso, de un vago deseo de realización, sino de un
filme completamente proyectado y escrito, para el cual
Dreyer había iniciado incluso contactos con una posible
intérprete, Maria Callas, que luego, como si de un feliz
destino se tratara, accedió a asumir idéntico papel en el
filme de Pasolini. Dreyer veía en Medea, indudablemen-
te, una de esas figuras abnegadas y absolutas que, de Jua-
na de Arco a Gertrud, caracterizan toda su filmografía.
En su búsqueda constante del imaginario de las mujeres
sufrientes, Dreyer abordó el intento de hacer compren-
sibles los motivos del acto inexplicable. El director con-
cibió ese filme como un oratorio de gran autoconcien-
cia teatral, y suavizó las aristas trágicas y apasionadas
confiando, como siempre, en la excelencia del silencio
y la intimidad que la serenidad de una cámara respetuo-
samente austera puede ofrecer. Por ello, el acto infanti-

18. Ello ha hecho insistir a Zizek en su mencionada reivindica-
ción del actor radical de Medea, en que, pese a su negativa a reconocerlo, Toni Morrison es de las creadoras que mejor ha asumido,
en tiempos contemporáneos, la lectura profunda y combativa del
mito griego. Véase Zizek, *op. cit*, pp. 196-198.

cida de Medea está concebido, en el guión de Dreyer, a partir de una completa *eufemización*: la heroína no apuñala a los hijos, sino que les da a beber un brebaje envenenado que los duerme suavemente. Entonces, Medea inicia una nana tranquilizadora que aleja a sus hijos del mundo indeseable en que previamente han sido sumidos.

Cuando, en 1988, el más dotado de los directores daneses continuadores de Dreyer, Lars von Trier, decidió retomar el guión para la realización de un filme producido para la televisión, hizo algo diverso a la pura visualización del anterior. La conciencia de autor de Von Trier le llevó, así, a abrir el filme con un cartel que advertía: «Ésta no es una tentativa de hacer un filme a lo Dreyer, sino, con pleno respeto por el material, una interpretación personal, y un homenaje al maestro». La *Medea* de Von Trier, es, por lo tanto, uno de los más importantes puntos de partida de una filmografía que supone un desplazamiento significativo respecto a su predecesor, tanto por su inevitable manierismo como por su agitación oscura y demoníaca. Por ello, su *Medea* es un viaje fulgurante hacia una escena final, que, contrariamente a la *eufemización* que Dreyer soñaba, afronta directamente, y tal vez por única vez en la historia del cine, el asesinato de los hijos con toda la crueldad y toda la visibilidad de la violencia. Descartando completamente el recurso al veneno y a la nana, pone directamente en escena un ritual refinado y terrible de la muerte. En un escenario casi desértico un árbol centra la acción, el árbol donde Medea cuelga al primero de sus hijos y bajo el cual, el segundo hijo le pide a su madre que le ayude a ponerse la soga y a completar el rito. Con ese sentido ceremonioso del tiempo real, la escena fija nuevos retos para este interdicto, a partir de la propia complicidad de las víctimas que entienden formar parte de un proyecto acabado.

Esta *Medea* ofrece, así, la creación de una mujer exaltada, emocional, subyugante e indominable, que actúa por cuenta propia, ama de su destino, y que es cultivada por cineastas que buscan y encuentran la confrontación con su público, dificultando la empatía confortable del cine convencional. El mismo Lars von Trier, desde la posterior *Rompiendo las olas* (*Breaking the Waves*, 1996), exploraría esta forma de disidencia en sus heroínas posteriores invariablemente situadas en la frontera de la acción comprensible.

Esta forma de provocación motivó la versión de *Medea* del cineasta Theo van Gogh, realizada para la televisión holandesa, durante el año 2004, y pocos meses antes de morir asesinado por un radical islamista. Como ya había hecho Akira Kurosawa en *Los canallas duermen en paz* (*Warui yatsu hodo yoku nemuru*, 1960) al trasladar la historia de Hamlet al mundo de las altas financias japonesas, Van Gogh reescribe el mito griego trágico en un lujoso contexto de arribismo e intereses ocultos presidido por la necesidad de poder, en el frágil escenario de las democracias europeas. En la misma medida, y como síntoma de una actitud dramática recurrente, el autor teatral y también cineasta Neil LaButte ha releído el mito en su monólogo para una actriz *Medea Redoux*, donde una joven internada en un psiquiátrico explica su venganza contra el profesor de inglés de quien se enamoró, antes de abandonarla. En este caso la protagonista ya no necesita confrontarse a otros modelos de conducta, porque el espíritu de Medea ha penetrado subversivamente en la comunidad.

Todas estas muestras de aturdidora radicalidad demuestran hasta qué punto la cultura contemporánea ha sabido generar un espacio estético y político para que el gesto de Medea no se pierda en el simple exotismo de una conducta atávica, ajena a nuestro mundo. Los directores que más han destacado en su aproximación moderna al mito lo han hecho, justamente, desde la rotunda confianza en la comprensión del mismo, como expresión metafórica de una venganza triunfal contra la hipocresía subyacente en el sistema de valores que pretende sustentar la civilización occidental. Por ello mismo, el acto creativo de estos atrevidos cineastas es también, como el de la heroína, un movimiento triunfal: un acto desafiante que se atreve a llevar al espectador hasta el límite de lo soportable, para implicarlo moralmente en el trágico ritual liberador que constituye la historia milenaria de esta indómita venganza.

ÍNDICE

INTRODUCCIÓN. *Medea: el orgasmo de la venganza* .   7

MEDEA
15

LA VENGANZA TRIUNFAL, *por Jordi Balló y Xavier Pérez*. 113

Medea de Eurípides
se terminó de imprimir en mayo de 2024
en los talleres de
Impresora Tauro, S.A. de C.V.
Av. Año de Juárez 343, col. Granjas San Antonio,
Ciudad de México